Gerda Walton

Frisch gekocht schmeckt's einfach besser

Gerda Walton

Frisch gekocht

schmeckt's einfach besser

160 köstliche Rezepte für alle Jahreszeiten

Tyrolia-Verlag · Innsbruck-Wien

Inhalt

Kochen ähnelt dem Reisen.

*Ganz genau weiß man nie,
wo man hinkommt.*

VORWORT

nach Art der Vorspeise

Nach einer alten Volksweisheit soll die Liebe durch den Magen gehen.
Bevor sie diesen aber erreicht, hat man sie beim Essen zuerst einmal auf der Zunge. Und weit mehr als im Magen entscheidet sich wohl hier und vor allem am Gaumen, ob das, was wir tagtäglich auf den Tisch bringen, mit Liebe, Sorgfalt und Kreativität zubereitet wurde.
Eine Vielzahl der in diesem Buch vorgestellten köstlichen Gerichte ist schnell zubereitet und wird selbstverständlich auch Anfängern der nie endenden Schule des guten Kochens gut gelingen. Zu einem problemlosen Nachkochen sollen meine zahlreichen „Gewusst wie"-Tipps und -Tricks aus meiner langjährigen Praxis beitragen. Küchenroutiniers mögen das weniger Geübten zuliebe tolerieren.
Wer meint, niemanden zu haben, dem er seine Zuneigung vom Herd aus beweisen kann, möchte ich eines ans Herz legen: Verwöhnen Sie sich selbst! Gönnen Sie sich anstelle der Husch-Pfusch-Küche aus dem Tiefkühlregal, die so viele praktizieren, „weil sich das Kochen für eine Person ja nicht rentiert", öfter einen Gaumenkitzel aus diesem Buch, etwas ganz besonders Köstliches. Eine gute Suppe wärmt bekanntlich nicht nur den Magen, sondern auch die Seele.
Die größte Kunst beim Kochen besteht für mich im Durchhaltevermögen: keine sensationellen, aufwendigen Eintagsfliegen zu produzieren, sondern Tag für Tag etwas Ansprechendes liebevoll auf den Tisch zu bringen. Hier erweist sich dann das wahre Küchengenie – und ich will Ihnen mit meinem vielseitigen neuen Kochbuch helfend und inspirierend zur Seite stehen, damit Sie schon bald als solches gelten.
Dass in der von mir mit großem Engagement zusammengetragenen Sammlung köstlicher Gerichte aus aller Welt nicht nur wohlschmeckend, sondern auch preiswert und vor allem gesund gekocht wird, mit viel jahreszeitlich frischem Gemüse und aromatischen Kräutern, kurz gesagt mit viel Grünzeug, davon überzeugen Sie sich am besten selbst.
Ich wünsche Ihnen eine gesegnete Mahlzeit und gutes Gelingen beim spannenden Ausprobieren der vielen Köstlichkeiten!

Herzlich Ihre
Gerda Walton

Aldrans, im Frühling 2009

Mit *Küchenkreativität*
schafft man dem Leben *Würze.*

Es grünt so grün im Küchenfrühling

BÄRLAUCH, SPARGEL & CO.

SPARGELSUPPE MIT ORANGENHAUCH

Ein Traum von einer Suppe

ZUTATEN

Für 4 Personen
500 g weißer Spargel
80 g Butter
40 g Mehl
1–2 Gläser Weißwein
1 l Suppe (Huhn/Rind)
Salz, Pfeffer aus der Mühle
1 Msp. Zucker
1 Msp. Knoblauchpulver
etwas Suppenwürze
125 g Crème fraîche
1 Bio-Orange
1/8 l Schlagrahm
Schnittlauchhalme

ZUBEREITUNG

- Den geschälten Spargel in kleine Stücke schneiden, in Butter anschwitzen, kurz aus dem Topf nehmen.
- Das Mehl im Topf aufschäumen lassen, mit Wein und Suppe aufgießen und mit dem Schneebesen gut verrühren.
- Gewürze hinzufügen, den Spargel wieder dazugeben und verkochen lassen.
- Mit dem Stabmixer pürieren, Crème fraîche unterziehen, mit Orangensaft und etwas abgeriebener Orangenschale abschmecken.
- Kurz vor dem Servieren geschlagenen Rahm vorsichtig unterheben.
- Mit einigen kurz überkochten Spargelspitzen, Schnittlauchhalmen und einem Hauch Orangenschale dekoriert servieren. Vielleicht finden sich im Garten auch ein paar Bärlauchblüten.

Mein Tipp

Für viele Spargelgerichte, ob Risotto, Suppe oder Nudelgericht, können Sie den wesentlich preiswerteren Bruchspargel verwenden, den es überall dort gibt, wo Spargel frisch gestochen wird. Gebratene oder blanchierte Spargelstücke können Sie tiefkühlen, roher Spargel eignet sich dazu nicht. Zum Blanchieren die Spargelstücke einmal aufkochen lassen, in Eiswasser abschrecken, gut abtrocknen und portionsweise verpackt tiefkühlen.

Spargelkochwasser enthält wertvolle Bestandteile, deshalb nicht wegschütten, sondern noch einmal verwenden. Im Kühlschrank lässt es sich 1–2 Tage aufbewahren. Oder man friert es ein und gießt damit z. B. eine Spargelsuppe auf.

HÜHNERCREMESUPPE MIT KERBEL

Kerbel kann man schon sehr früh ernten

ZUTATEN

Für 4 Personen
1 Zwiebel
2 EL Butter
1 Knoblauchzehe
2 große Kartoffeln
1 l Hühnersuppe
Salz, Pfeffer
60 g frischer Kerbel
evtl. etwas Weißwein oder Wermut
1/8 l Rahm (oder Milch)
Gänseblümchen zum Garnieren

ZUBEREITUNG

- Die gehackte Zwiebel in Butter anschwitzen, dann den fein geschnittenen Knoblauch dazugeben, leicht anbraten, bis er duftet.
- Die geschälten, klein geschnittenen Kartoffeln dazugeben, mit Hühnersuppe aufgießen, würzen, weich kochen und mit dem Stabmixer pürieren.
- Kerbel fein schneiden, in die Suppe geben, nachwürzen und einige Minuten ziehen lassen. Einige Spritzer Wermut unterstreichen den besonderen Kerbelgeschmack.
- Zuletzt noch etwas Rahm oder Milch unterziehen, die Kartoffeln machen die Suppe aber ohnehin cremig.
- Nach einem Rat der berühmten Hildegard von Bingen die Suppe mit (essbaren) Gänseblümchen garnieren, sie sollen einen klaren Verstand bereiten.

Mein Tipp

Kerbel schmeckt am besten ganz zart und frisch aus dem Garten. Daher öfter nachsäen, aber immer in ein anderes Beet übersiedeln. Lässt man einige Samen ausreifen, sät er sich selbst dorthin aus, wo es ihm behagt. Und das muss nicht unbedingt im Gemüsegarten sein!
Ähnlich wie Kresse kann man Kerbel auch in einem Balkonkistchen ziehen. Er steht bis in den Spätherbst zur Ernte bereit und ist unverzichtbarer Bestandteil jeder Frühlingskräutermischung.

BÄRLAUCH-PORREE-STRUDEL

Ein köstliches Rezept mit viel gesundem Bärlauch

ZUTATEN

TOPFENBLÄTTERTEIG

siehe Seite 171

Für die Fülle

1 kg Porree
30 Blätter Bärlauch
etwas Petersilie
1 große Zwiebel
1 EL Butter
50 g Speck/Schinken
Salz, Pfeffer
1 Msp. Muskatnuss
1 Msp. Paprika
250 g Crème fraîche
mit Kräutern
2 EL Butter

ZUBEREITUNG

- Topfenblätterteig zubereiten wie auf Seite 171 beschrieben.
- Für die Fülle Porree halbieren, Schmutz sorgfältig herauswaschen, in feine Streifen schneiden und anschließend in wenig Salzwasser sprudelnd ca. 3 Minuten kochen lassen. Abgießen und gut ausdrücken.
- Zwiebel fein schneiden, in Butter leicht anschwitzen, gewürfelten Speck dazugeben, kurz anbraten, Porree dazugeben.
- Würzen, mit Crème fraîche verrühren und den fein geschnittenen Bärlauch und etwas gehackte Petersilie unterziehen.
- Abkühlen und etwas durchziehen lassen. Die erkaltete Masse nochmals abschmecken, mit Salz jedoch sparsam sein, da die Masse beim Backen noch andickt.
- Topfenblätterteig halbieren, auf bemehlter Unterlage sehr dünn ausrollen.
- Die unteren 2/3 mit Fülle bestreichen, Rand freilassen und mit flüssiger Butter bestreichen.
- Den Strudel zusammenrollen (evtl. mithilfe eines Tuches) und auf ein mit Backpapier ausgelegtes Blech gleiten lassen.
- Mit Butter üppig bestreichen und im Backrohr bei 200 °C ca. 40 Minuten backen, bis der Strudel eine schöne braune Farbe hat.
- Dazu passt am besten eine Mischung aus Blattsalaten.

BRENNNESSEL-SPINAT-STRUDEL

mit griechischer Wurzel

ZUTATEN

Siehe Bärlauch-Porree-Strudel Seite 12

Statt Porree
500 g frischer Spinat
statt Bärlauch
3 Handvoll Brennnesseln
statt Speck/Schinken
200 g Feta (Schafskäse)
oder Käsereste

ZUBEREITUNG

- Als Fülle statt Porree und Bärlauch eine Mischung aus Spinat und Brennnesseln verwenden.
- Spinat und Brennnesseln in wenig kochendem Wasser zusammenfallen lassen, gut ausdrücken und dann fein aufhacken. Etwas Porree kann man zusätzlich verwenden.
- Den Speck durch Feta (Schafskäse) oder anderen Käse ersetzen. Feta zerbröckeln, Hartkäse reiben.

Mein Tipp

Eines der besten Frühlingsgemüse ist ohne Frage der Bärlauch, der gleichzeitig auch ein „bäriges" Gewürz für die kreative Küche darstellt. Er schmeckt nicht nur gut, sondern wirkt antibakteriell und blutdrucksenkend, fördert die Durchblutung und beugt der Verkalkung und Verengung von Blutgefäßen vor.
Bärlauch kann man in unglaublich vielen Variationen zu Tisch bringen. Nutzen Sie die Wochen, in denen frischer Bärlauch angeboten wird bzw. im eigenen Garten wächst! Ich verwende ihn nur frisch, er soll ein Frühlingshighlight sein, auf das man sich dann wieder ein Jahr lang freut.

BRENNNESSEL-BÄRLAUCH-KNÖDEL

mit Zutaten aus dem Bio-Garten

ZUTATEN

Für 4 Personen
300 g Spinat
200 g junge Brennnesselspitzen
(Menge jeweils variabel)
300 g Knödelbrot
3 Eier
ca. 1/8 l Milch
1 mittelgroße Zwiebel
1 EL Butter
etwas Petersilie
einige Bärlauch-Blätter,
wahlweise 1 Knoblauchzehe
1 Msp. Muskatnuss
Pfeffer
ca. 2–3 EL Mehl
Parmesan und Schnittlauch-
röllchen
zum Bestreuen

ZUBEREITUNG

- In einem großen Topf bodenbedeckt Wasser zum Kochen bringen, gut gewaschenen Spinat und Brennnesselspitzen dämpfen, bis sie zusammenfallen.
- Überkühlen lassen, gut ausdrücken und mit dem Stabmixer pürieren.
- Das Kochwasser kann man gut noch für eine gebundene Suppe verwenden, da es wertvolle Inhaltsstoffe hat.
- Knödelbrot mit versprudelten Eiern und heißer Milch übergießen, Zwiebel fein hacken, in Butter zart anlaufen lassen.
- Spinat zusammen mit den Zwiebeln, Petersilie, Bärlauch und den Gewürzen zur Knödelmasse geben, gut vermengen, mindestens 30 Minuten rasten lassen.
- Dann Mehl darüberstäuben, nochmals durchmischen, evtl. nachwürzen und nochmals ca. 10 Minuten rasten lassen.
- Mit nassen Händen Knödel formen, diese in Mehl wälzen und in leicht kochendem Salzwasser mehr ziehen als kochen lassen, bis sie oben schwimmen. Unerfahrene sollten immer einen Probeknödel einlegen, die kleine Wartezeit macht sich bezahlt.
- Mit reichlich zerlassener Butter anrichten, mit Parmesan und Schnittlauchröllchen bestreut servieren.

BÄRLAUCHGRATIN

Ein schnelles vegetarisches Gericht

ZUTATEN

Für 4 Personen

ca. 1 kg mehlige Kartoffeln
1 Handvoll Bärlauchblätter
250 g Sauerrahm oder Crème fraîche
1 EL Butter
1 Msp. geriebene Muskatnuss
100 g geriebener Bergkäse
etwas Petersilie
Salz, Pfeffer
1 Msp. Paprikapulver
etwas Fondor
1 Kugel Mozzarella

ZUBEREITUNG

- Die geschälten und klein geschnittenen Kartoffeln in wenig Salzwasser ganz weich kochen, abgießen und ausdämpfen lassen.
- Bärlauchblätter klein schneiden, mit kochendem Wasser übergießen, abtrocknen.
- Kartoffeln mit erwärmtem Sauerrahm, Butter und Muskatnuss vermischen und mit dem Mixer pürieren.
- Dann den Bergkäse, die fein gehackte Petersilie und den Bärlauch darunterziehen, würzen.
- Das Püree in eine flache, gebutterte Gratinierschüssel füllen, glatt streichen und mit dünnen Scheiben Mozzarella belegen.
- Im Backrohr bei 200 °C ca. 10 Minuten überbacken, bis der Käse zerläuft und zart bräunlich wird.

Mein Tipp

Durch die Verwendung von Kräutern kann beim Kochen einiges an Salz eingespart werden. Reduzieren Sie die Salzmenge nach und nach, der Gaumen gewöhnt sich schnell daran. Das Kräuteraroma tritt dadurch mehr in den Vordergrund und man entdeckt plötzlich ganz neue Geschmacksnuancen.

KRÄUTERTOPFEN

Gesund und in wenigen Minuten fertig

ZUTATEN

250 g Topfen (20 %)
2 EL weiche Butter
125 g Crème fraîche mit Kräutern
1 EL Senf
2 EL Ketchup
1 Msp. Paprika
1 Prise Zucker
½ KL gemahlener Kümmel
1 Msp. Knoblauchpulver
Salz, Pfeffer
1 Tasse frische Kräuter
2 Gewürzgurken
2 EL eingelegte Kapern

ZUBEREITUNG

- In einer hohen Schüssel den Topfen zuerst mit Butter und Crème fraîche, dann mit den Gewürzen verrühren und zuletzt die fein geschnittenen Kräuter, Essiggurken und Kapern unterziehen.
- Den Kräutertopfen mindestens 1 Stunde durchziehen lassen, im Kühlschrank hält er sich mehrere Tage.
- Je nach Saison kann man Kräuter wie Kerbel, Borretsch, Bärlauch, Basilikum oder Dill verwenden. Schnittlauch und Petersilie sollten immer dabei sein.
- Während der Wintermonate kann man auch eine tiefgekühlte Kräutermischung verwenden.

Mein Tipp

Spargellocken – ein kleiner Küchenspaß

Eher dicke weiße Spargelstangen, die möglichst frisch sein sollten, wie üblich schälen. Das geht am besten mit einem Porzellanschäler. Die holzige Schale wird weggeworfen.
Dann schält man in der gleichen Weise so lange weiter, wie man die Stange halten kann. Locken für 2 Minuten in kochendes Salzwasser geben, in kaltem Wasser abschrecken. Eine attraktive Dekoration, nicht nur für Spargelgerichte.

SPARGEL-TARTLETS

Ein eleganter Imbiss

ZUTATEN

Für den Teig

200 g Mehl
etwas Salz
100 g kalte Butter
3 EL kaltes Wasser

Für die Fülle

500 g grüner Spargel
1 Prise Zucker
Salz
1 EL Butter
1 Msp. Paprika
1 Ei
3 EL Parmesan, gerieben
125 g Crème fraîche mit Kräutern
1 Msp. Paprika
1 Kugel Mozzarella
Pfeffer aus der Mühle

ZUBEREITUNG

- Teigzutaten zusammenkneten, kühl rasten lassen.
- Vom Spargel holzige Enden entfernen, Spargel in möglichst kleine, schräge Stücke schneiden, für jedes Tartlet 3 Spitzen zum Garnieren zurückbehalten.
- Spargel mit Zucker, Salz, etwas Butter und allenfalls ein paar Tropfen Wasser dünsten, bis er bissfest und trocken ist. Er soll keine Farbe annehmen.
- Spargel abkühlen lassen, mit Ei, Parmesan, Crème fraîche und Paprika gut verrühren.
- Teig dünn ausrollen, Kreise ausstechen, die in Tartlet-Förmchen passen.
- Teig in die leicht gefetteten Formen drücken. Mit einer Gabel einige Löcher in den Boden stechen, dann die Fülle daraufgeben.
- Spargelköpfe der Länge nach halbieren, mit dem Kopf nach außen kreisförmig auflegen und mit kleinen Mozzarella-Würfeln garnieren. Mit einem Hauch Salz und Pfeffer aus der Mühle bestreuen.
- Im Backrohr bei 200 °C ca. 20 Minuten backen, bis die köstlichen Törtchen zart bräunlich sind. Sofort servieren.

FRÜHLINGSKRÄUTER-QUICHE

Leicht, delikat und preiswert

ZUTATEN

Zutaten Pastetenteig
siehe Seite 172
(halbe Menge)

Für die Fülle
1 Karotte
etwas Olivenöl
etwas Butter
1 Bund Frühlingszwiebeln
1 Stange Porree
3 kl. Zucchini
2 Handvoll Bärlauch
1 EL Petersilie
100 g Schinken
⅛ l Süßrahm
125 g Crème fraîche
3 Eier
3 EL geriebener Käse
1 Msp. Paprika
1 Msp. geriebene Muskatnuss
Salz, Pfeffer

ZUBEREITUNG

- Den Pastetenteig zubereiten wie auf Seite 172 beschrieben.
- Karotte schälen, fein würfeln, in Öl und Butter anschwitzen.
- Nacheinander fein geschnittene Frühlingszwiebeln, dünn geschnittenen Porree und blättrig geschnittene Zucchini dazugeben und so lange leicht durchrösten, bis die Flüssigkeit verdampft ist.
- Klein geschnittenen Bärlauch, Petersilie und angerösteten, klein geschnittenen Schinken untermischen. Masse völlig erkalten lassen.
- Rahm, Crème fraîche, Eier und Käse dazugeben. Masse würzen.
- Quicheform (unten geschlossene Backform) mit Teig auskleiden, Gemüsemasse einfüllen, glatt streichen.
- Im Backrohr bei 200 °C ca. 40 Minuten backen, bis die Oberfläche bräunlich ist.

MEERSBURGER SPARGELQUICHE

In einem Schnellimbiss in Meersburg am Bodensee entdeckt

ZUTATEN

Für 4–6 Personen

Zutaten Pastetenteig
siehe Seite 172

Für die Fülle

1½ kg weißer Spargel
Salz, Zucker
125 g Crème fraîche
mit Kräutern
⅛ l Sauerrahm
4 Eier
200 g Schinken
200 g Bergkäse (gerieben)
2 EL gehackte Petersilie
etwas Bärlauch
1 Prise geriebene Muskatnuss
Salz, Pfeffer

ZUBEREITUNG

- Den Pastetenteig zubereiten wie auf Seite 172 beschrieben.
- Spargel schälen, in ca. 3 cm lange, schräge Stücke schneiden, in Salz-/Zuckerwasser fast gar kochen und gut abtropfen lassen.
- In einer großen Schüssel mit allen Zutaten vermischen, etwas durchziehen und völlig erkalten lassen.
- Teig dünn ausrollen, die Torten- oder Quicheform von ca. 26 cm Durchmesser damit auskleiden, ca. 5 cm hohen Rand aufziehen. In den Tortenboden mit einer Gabel einige Male einstechen.
- Erkaltete Fülle hineingeben, glatt streichen und im vorgeheizten Backrohr bei 200 °C ca. 40 Minuten backen, bis die Quiche eine schöne Farbe hat.
- Kann heiß, warm oder kalt serviert werden und schmeckt einfach köstlich.

Bunte Blattsalate ergänzen dieses wunderbare Frühlingsgericht.

LAMMKEULE MIT KARTOFFELTORTE

Ein toskanisches Frühlings-Festtagsrezept

ZUTATEN

1 Lammkeule
Salz, Pfeffer
1 Zweig Rosmarin
1 KL Thymian
Zitronensaft und -schale
2 Knoblauchzehen
Öl für die Form
1 Zwiebel
etwas Bier
etwas Honig

Für die Kartoffeltorte

1 kg Kartoffeln
reichlich flüssige Butter
Salz, Pfeffer
1 Zweig Rosmarin
1 Msp. gemahlener Kümmel
2 Knoblauchzehen
Kräuter der Saison
1 Prise geriebene Muskatnuss
⅛ l Süß- oder Sauerrahm
(je nach Geschmack)

ZUBEREITUNG

- Fleisch mit Salz, Pfeffer, Rosmarinnadeln, Thymian, Zitronensaft und -schale und zerdrücktem Knoblauch gut einreiben, Knochen mit Folie umwickeln, damit er nicht schwarz wird.
- In einer eingeölten Bratform im Backrohr bei 150 °C einige Stunden langsam schmoren lassen.
- Wenn Sie nur ein Backrohr zur Verfügung haben, braten Sie zuerst die Lammkeule. Gegen Ende der Garzeit halbierte Zwiebel dazugeben, Lammkeule mit in Bier verrührtem Honig bestreichen, Fett abschöpfen, Sauce abschmecken.
- Nach dem Braten dick in Folie einpacken und auf einer angewärmten Platte warm halten.
- Für die Kartoffeltorte Kartoffeln schälen, mit dem Krauthobel aufblättern, in gesalzener flüssiger Butter wälzen, Gewürze und Kräuter dazugeben, im Sonnenmuster in eine große, gebutterte Form einlegen, Rand hochziehen.
- Mit Butterrest oder etwas Rahm übergießen und im Backrohr bei 220 °C ca. 1 Stunde backen.
- Während die Kartoffeltorte bäckt, kann das Fleisch besonders gut durchziehen. Gegen Ende der Backzeit für die Kartoffeltorte das Fleisch noch einmal kurz ins voll aufgeheizte Backrohr stellen, dadurch bekommen beide Speisen eine knusprige Oberfläche. Vorher ausprobieren, ob beide Formen zugleich ins Rohr passen.

WEISSES TIRAMISU MIT ERDBEEREN

Schaut toll aus und schmeckt auch so

ZUTATEN

Für 4 Personen
20–25 Löffelbiskuits
1 Tasse Milch
1 Glas Süßwein oder halbtrockener Sherry
einige geschälte Mandeln
2 Eidotter
80 g Staubzucker
Zitronenschale
400 g Mascarpone
2 Eiweiß
500 g frische Erdbeeren
50 g weiße Schokolade

ZUBEREITUNG

- Milch in flacher Schüssel mit Süßwein oder Sherry mischen, Löffelbiskuits eintauchen.
- Den Boden einer flachen, nach Möglichkeit eckigen Glasform (Gratinierform) damit auslegen, mit gehackten Mandeln bestreuen.
- Eidotter, Zucker und abgeriebene Zitronenschale in einer Rührschüssel mit dem Stabmixer schaumig schlagen. Den Mascarpone unterrühren, danach den geschlagenen Eischnee unterheben.
- $^{2}/_{3}$ der Masse über die Biskuits streichen, dann eine zweite Schicht Biskuits darüberschichten.
- Die restliche Mascarpone-Creme gleichmäßig darüber verteilen, mit Folie abgedeckt mindestens 2–3 Stunden in den Kühlschrank stellen.
- Vor dem Servieren reichlich halbierte Erdbeeren darüber verteilen, von denen einige noch den grünen Stielansatz haben können.
- Von der sehr kalten weißen Schokolade mit einem Messer Späne abschaben und darüberstreuen.

WALDMEISTER-PISTAZIEN-CREME

Ein frühlingsgrünes Dessert

ZUTATEN

Für 4 Personen

2–3 Handvoll Waldmeister
1 Glas Weißwein
2 Eidotter
1 Ei
80 g Zucker
1 EL Vanillezucker
2 EL Honig
5 Blatt Gelatine
1 Orange
1 Tasse Pistazien
1 Bio-Zitrone
¼ l Süßrahm
Erdbeeren, Gänseblümchen und evtl. etwas weiße Schokolade zum Garnieren

1 Blatt Gelatine
etwas Kiwi-Likör

ZUBEREITUNG

- Waldmeister waschen, Blätter abzupfen, ca. ½ Stunde in Weißwein ziehen lassen, dann herausnehmen.
- In einer hohen Schüssel, die auf einen Kochtopf mit Wasser passen muss, über Dampf Eidotter, Ei, Zucker, Vanillezucker, Weißwein und Honig dick schaumig schlagen. Achtung! Das Wasser darf nie kochen.
- Gelatineblätter einige Minuten in kaltem Wasser einweichen, gut ausdrücken, in ein paar Tropfen heißem Orangensaft auflösen.
- Gelatine, Pistazien, geriebene Zitronenschale und Zitronensaft sowie geschlagenen Rahm unterziehen.
- Masse in hohe Gläser füllen, 2 Stunden kalt stellen.
- Mit Erdbeeren, Waldmeisterblättchen, Gänseblümchen, gehackten Pistazien und evtl. einigen Spänen aus weißer Schokolade garnieren.
- Wenn Sie die Waldmeister-Pistazien-Creme besonders attraktiv servieren möchten, geben Sie ein Blatt aufgelöste Gelatine in etwas grünen Kiwi-Likör und machen einen Spiegel auf die erstarrte Creme. Man kann die grüne Lage auch zuerst ins Glas geben und die Creme dann stürzen. Sie können die Creme bereits am Vortag zubereiten.

Mein Tipp

Die filigranen Blätter des Waldmeisters eignen sich besonders gut zum Garnieren für Cremes usw. Im Garten neigt er mit der Zeit zum Ausufern. Halbschattig anpflanzen, unbedingt vor der Blüte ernten!
Die in Weißwein angesetzten Waldmeisterblättchen können auch für die berühmte Waldmeisterbowle verwendet werden. Vor dem Genuss Blättchen aus dem Bowleansatz wieder entfernen, mit Sekt aufspritzen.

Kräuterduft liegt in der Luft

SOMMERLICHES KOCHVERGNÜGEN

SÜPPCHEN AUS BERGHEU

Mit der Würze der Natur

ZUTATEN

Für 4 Personen
1–2 Handvoll Bergheu
oder Heublumen
1 Zwiebel
1 Knoblauchzehe
1 EL Butter
2 EL Mehl
1 Glas Weißwein,
1 l Fleischsuppe
(evtl. tiefgekühlt)
1/8 l Rahm
Salz, Pfeffer
Brotwürfel
Schnittlauchröllchen zum
Bestreuen

ZUBEREITUNG

- Klingt leicht verrückt, schmeckt aber wunderbar, allerdings nur mit selbst gekochter Fleischsuppe. Aber davon sollte man ohnehin immer einen kleinen, tiefgekühlten Vorrat haben.
- Bergheu oder Heublumen in eine Schüssel geben, mit kochendem Wasser übergießen, einige Minuten ziehen lassen, abseihen.
- Zwiebel und Knoblauch fein schneiden, in einem Topf in Butter leicht anschwitzen, Mehl dazugeben, durchrösten, mit dem Heusud ablöschen, gut verrühren. Zwiebel verkochen lassen, mit dem Stabmixer pürieren, mit Weißwein, Suppe und Rahm aufgießen, würzen.
- Mit gerösteten Brotwürfeln und Schnittlauchröllchen bestreut servieren.

Mein Tipp

Kochen Sie diese außergewöhnliche Suppe nach einem Ausflug in die Bergwelt. Da und dort gibt es noch Bergbauern, die duftendes Heu nach altem Brauch einfahren. Je nach Höhenlage wird von Juni bis Juli „geheut". Heublumen sind klein zerbröselte Heuabfälle, die man auch als Badezusatz verwenden kann. Es gibt sie auch außer der Heuzeit, eigentlich das ganze Jahr über, aber nur bei Bio-Bauern. Sie verlieren mit der Zeit an Aroma. Ein einziger Quadratmeter Bergwiese kann um die 70 verschiedene Pflanzen und Kräuter beherbergen – ein wahrer Schatz der Natur!

KARTOFFEL-ZUCKERERBSEN-GRATIN

Eine attraktive Beilage zu Fleisch oder Fisch

ZUTATEN

Für 2 Personen

5 mittelgroße Kartoffeln
300 g Zuckererbsenschoten
2 EL Maizena
1 Prise geriebene Muskatnuss
1 Msp. Paprikapulver
1 Msp. Knoblauchpulver
Salz, Pfeffer
½ Bund Petersilie
½ Bund Basilikum
125 g Crème fraîche
mit Kräutern
oder Sauerrahm
Butter für die Form
50 g geriebener Bergkäse
einige Butterflöckchen

ZUBEREITUNG

- Kartoffeln waschen, roh mit dem Krauthobel oder Messer in möglichst feine Scheiben schneiden, in wenig Salzwasser 5 Minuten sprudelnd kochen.
- Erbsenschoten dazugeben, 2 Minuten weiterkochen. Wasser abgießen, auffangen.
- Maizena in wenig kaltem Wasser anrühren, im reduzierten Kochwasser einmal aufwallen lassen.
- Etwas überkühlt mit den Gewürzen, fein geschnittenen Kräutern und Crème fraîche verrühren.
- Eine unten geschlossene, große Tarte-Form reichlich mit weicher Butter ausstreichen, die Hälfte der Kartoffeln flach einschichten, eine Hälfte der Crème-fraîche-Masse daraufstreichen, die Hälfte der Erbsenschoten darauf verteilen, mit der Hälfte des Käses bestreuen. Restliche Kartoffeln darübergeben und mit der übrigen Crème-fraîche-Masse bestreichen. Restliche Erbsenschoten in nettem Muster darauf anordnen.
- Mit dem Rest des Käses bestreuen, Butterflöckchen darüber verteilen. Im Backrohr bei 200 °C ca. 30 Minuten backen, bis sich das Gratin bräunlich färbt.

Mein Tipp

Knackig frische Zuckererbsen, die man auch roh essen kann, schaffen im Garten den Übergang vom Frühling zum Sommer. Frisch aus dem Garten schmecken sie unvergleichlich gut. Allein deshalb schon lohnt sich der wirklich einfache Anbau.
Im Gegensatz zu anderen Erbsensorten, deren ausgelöste Kerne verwendet werden, kann man Zuckererbsen so verarbeiten, wie sie gepflückt werden, also mit der Schote.
Zur Haupterntezeit sollten sie täglich durchgepflückt werden.
Zuckererbsenschoten kann man blanchiert fast ohne Geschmacksverlust tiefkühlen.

ZUCCHINISALAT MIT PARMASCHINKEN

Margits berühmte Vorspeise

ZUTATEN

Für 4 Personen

4 kl. Zucchini
Olivenöl
1 Bio-Zitrone
1 Knoblauchzehe
Balsamico-Essig
Salz, Pfeffer
1 Prise Zucker
etwas Senf
1 Zweig Rosmarin
1 Zweig Thymian,
½ Bund Petersilie
½ Bund Basilikum
Parmesan

8 Blatt Parmaschinken

Zum Garnieren
100 g Rucola
1 rote Paprikaschote
einige Cocktailtomaten

ZUBEREITUNG

- Die Zucchini waschen, ungeschält längs in möglichst dünne Scheiben schneiden, in einer Grillpfanne portionsweise in Olivenöl beidseitig leicht bräunlich anbraten.
- In der Zwischenzeit Marinade aus abgeriebener Zitronenschale und Zitronensaft, fein gehacktem Knoblauch, Balsamico-Essig, Salz, Pfeffer, 1 Prise Zucker und etwas Senf bereiten.
- Gewürzzweige, gehackte Petersilie und fein geschnittenes Basilikum dazugeben.
- Zucchini in die Marinade einlegen, einige Stunden durchziehen lassen. Vor dem Servieren leicht erwärmen.
- Parmaschinken in einer beschichteten Pfanne knusprig anbraten. Zucchini zusammenrollen, mit dem Schinken anrichten.
- Mit Rucola, kleinen Würfeln vom roten Paprika und von den Tomaten garnieren, restliche Marinade darüber verteilen.
- Damit der Schinken knusprig bleibt, kann man ihn um Grissini-Stangen wickeln und diese erst kurz vor dem Servieren dazulegen.
- Dieses Gericht kann man auch mit Melanzanischeiben zubereiten oder halb und halb Melanzani und Zucchini verwenden.
- Mit grob geraspeltem Parmesan bestreut servieren.

SIZILIANISCHE KÄSE-KRÄUTER-TORTE

Aromatisch italienisch

ZUTATEN

Für den Teig
200 g Mehl
50 g Olivenöl
1 Eidotter
Salz, Pfeffer
etwas Zitronenschale
3–4 EL gehackte Kräuter
(Oregano, Thymian, Rosmarin
– je nach Belieben)

Für die Fülle
400 g Ricotta
oder Topfen
150 g Schafskäse
(ersatzweise auch Bergkäse)
1 mittelgroße Zwiebel,
1 EL Butter
4 Eier
1 EL Basilikum
1 EL Petersilie
1 Prise Knoblauchpulver
1 Msp. Muskat
Salz, Pfeffer

ZUBEREITUNG

- Bereiten Sie zuerst den Teig zu. Der salzige Mürbteig mit Olivenöl eignet sich besonders gut für Gemüsekuchen aller Art.
- Alle Zutaten zu einem geschmeidigen Teig verkneten, mindestens 30 Minuten kühl rasten lassen.
- Ricotta oder Topfen verrühren, Schafskäse dazugeben.
- Zwiebel fein schneiden, in Butter leicht anschwitzen, abkühlen lassen.
- Eier trennen, Eiweiß steif schlagen, mit den Dottern, den fein geschnittenen Kräutern, Gewürzen und der Zwiebel unter die Ricotta-Masse ziehen. Einen kleinen Rest Ricotta-Masse zurückbehalten.
- Tortenform von ca. 26 cm Durchmesser mit Teig auskleiden, Rand hochziehen. Käse-Kräuter-Gemisch eingießen, Rest Ricotta-Masse darüber verteilen und bei 200 °C ca. 40 Minuten backen.
- Besonders Eilige können die Torte übrigens auch ohne Teighülle in einer gefetteten und mit Bröseln ausgestreuten Form backen. Torte etwas überkühlen lassen, bevor man sie aus der Form nimmt.

MEDITERRANE KARTOFFELTARTE

Kein Blitzrezept, aber besonders köstlich

ZUTATEN

Für 1 große Tarte
8 mittelgroße Kartoffeln
50 g Speck
1 Zwiebel
1 Knoblauchzehe
2 kl. Zucchini
1–2 Melanzani
Olivenöl
Butter für die Form
Salz, Pfeffer
1 Prise geriebene Muskatnuss
2 Eier
125 g Crème fraîche
oder Sauerrahm
2 EL gemischte Kräuter
nach Wahl
(Oregano, Thymian,
einige Nadeln Rosmarin,
Basilikum, Petersilie)
1 EL Kapern
1 Kugel Mozzarella

ZUBEREITUNG

- Kartoffeln in der Schale nicht ganz gar kochen, abkühlen lassen, schälen und in dünne Scheiben schneiden.
- In der Zwischenzeit in einer großen Pfanne klein geschnittenen Speck, fein geschnittene Zwiebel, gehackten Knoblauch und die blättrig geschnittenen Zucchini anrösten.
- Dann die ebenfalls in Scheiben geschnittenen Melanzani (große Scheiben halbieren) eigens in Olivenöl anrösten, anschließend auf Küchenpapier legen und überschüssiges Öl abtrocknen.
- Flache Backform dick buttern, Kartoffeln und Gemüse würzen.
- Eier mit Crème fraîche und frisch gehackten Kräutern versprudeln, Kapern dazugeben.
- Kartoffeln abwechselnd mit dem Gemüse in einer überlappenden Spirale in die Form einlegen, Speck dazwischenstreuen. Guss und Mozzarella-Flocken darüber verteilen.
- Ins vorgeheizte Backrohr geben und bei 200 °C ca. 30 Minuten backen.
- In einer gläsernen Backform kann man gut kontrollieren, ob der Boden schon gebräunt ist. Dann lässt sich die Torte auch vorsichtig aus der Form nehmen.

STACHELBEER-ERDBEER-FOOL

Eine in England sehr beliebte sommerliche Nachspeise

ZUTATEN

500 g reife Stachelbeeren (möglichst rote)
etwas Zitronen- und Apfelsaft
etwas Kiwi-Likör (falls vorhanden)
Zucker nach Bedarf
1 cm Zimtrinde
1/8 l Süßrahm
evtl. 2 Blatt Gelatine
einige Erdbeeren
1 KL Vanillezucker
Mandelmakronen oder Eiswaffeln zum Garnieren

ZUBEREITUNG

- Stachelbeeren waschen und putzen, mit wenig Zitronen- und Apfelsaft, Zucker und Zimtrinde weich kochen. Zimtrinde wieder entfernen.
- Durch ein Passiergerät drücken, abkühlen lassen, danach den Likör dazugeben.
- Steif geschlagenen Rahm mit dem Kompott verrühren, kalt stellen.
- In kaltem Wasser eingeweichte Gelatine in einigen Tropfen heißem Apfelsaft zergehen lassen, anschließend dazurühren.
- Die Erdbeerscheiben mit Vanillezucker bestreuen, in Gläser füllen.
- Stachelbeersahne darauf verteilen und mit Mandelmakronen oder Eiswaffeln garnieren.

HIMBEEREN PAVLOVA

Ein weltberühmtes Dessert

ZUTATEN

Für 4 Personen
4 Eiweiß
1 Tasse Zucker
1 Prise Salz
1 P. Vanillezucker
oder echte Vanille (Preisfrage)
1 KL Apfelessig
1 KL Maizena
¼ l Süßrahm

Zum Garnieren
Himbeeren oder Erdbeeren,
evtl. etwas Passionsfruchtsaft
einige Minzeblätter

ZUBEREITUNG

- Das Backrohr auf 150 °C aufheizen.
- In einer Rührschüssel Eiweiß steif schlagen, langsam Zucker und Salz dazurieseln lassen und weiterschlagen, bis die Masse steife, glänzende Spitzen bekommt. Zuletzt etwas Maizena unterziehen.
- Falls Sie echte Vanille verwenden wollen, Schote halbieren, auskratzen, Inhalt mit dem Essig zum Eischnee geben.
- Backblech mit Backpapier auslegen, Eiweißmasse kreisrund in Form eines Vogelnestes aufschichten (oder mit Spritzsack aufspritzen).
- Langsam trocknen und im ausgeschalteten Backrohr auskühlen lassen.
- In die Mitte steif geschlagenen Schlagrahm füllen, mit frischen Himbeeren oder Erdbeeren dekorativ anrichten.
- Besonders gut schmecken die Früchte, wenn man sie vorher mit Passionsfruchtsaft beträufelt.
- Mit Minzeblättern garnieren.

Mein Tipp

Dieses Dessert gelingt besonders gut mit nicht ganz frischem Eiweiß. Es eignet sich also zur Verwertung von übrig gebliebenen Resten, z. B. vom Keksebacken.
Falls Sie das Eiweiß nicht innerhalb einer Woche verwenden, sollten Sie es tiefkühlen.

MEINE SPEZIAL-MARILLENKNÖDEL

Sie gelingen von Mal zu Mal besser

ZUTATEN

Für 8–12 Knödel
50 g Butter
250 g Topfen (20 %)
2 Eier
1 P. Vanillezucker
3 EL Grieß
4–5 EL Mehl
etwas Salz
geriebene Zitronenschale
5 EL helle Brösel
(jeweils leicht aufgehäuft)
8–12 reife Marillen
(je nach Größe)
kleiner Würfelzucker
etwas Marillenlikör
2 EL Butter
3 EL Brösel
3 EL Zucker
1 Msp. Zimt
Staubzucker zum Bestreuen

ZUBEREITUNG

- Weiche Butter und Topfen mit den Eiern und Vanillezucker schaumig rühren.
- Grieß, Mehl, Salz, geriebene Zitronenschale und Brösel unterrühren.
- Den Teig mindestens eine halbe Stunde rasten lassen.
- Aromatische, reife Marillen halbieren, entkernen. Würfelzucker mit ein paar Tropfen Marillenlikör tränken, einlegen.
- Den relativ weichen Teig auf einem Teller in so viele Portionen teilen, wie man Marillen hat. Pro Marille benötigt man Teig von ca. einer Eigröße.
- Jeweils eine Teigportion auf einen stark bemehlten Teller legen, zuerst auf beiden Seiten im Mehl flach drücken, dann auf der mehligen Hand ganz flach drücken, mit Marille belegen.
- Den Teig gleichmäßig um die Marille wickeln, dann zu einem runden Knödel formen. In Mehl wälzen.
- Die Knödel für 10 Minuten in den Kühlschrank legen, 15 Minuten vor dem Servieren in leise kochendes, leicht gesalzenes Wasser einlegen, bei geringer Hitze 10 Minuten mehr ziehen als kochen lassen, bis die Knödel an die Oberfläche steigen. Gut abtropfen lassen.
- In einer flachen Pfanne Brösel mit Zucker und Zimt in Butter leicht anrösten, Knödel darin wälzen.
- Vor dem Servieren mit reichlich Staubzucker bestreuen.
- Übrige Knödel können tiefgekühlt werden.

GEBACKENE NEKTARINEN-TOPFENTORTE

Kalorienarm, saftig und schnell zubereitet

ZUTATEN

1 Tasse Rosinen
1 Schuss Rum
2 schnittfeste Nektarinen
einige Tropfen Maracuja-Sirup
Saft und Schale von 1 Zitrone
100 g Butter
2 Eier
120 g Zucker
1 Prise Salz
1 Msp. Zimt
500 g Topfen (20 %)
2 EL Mehl
2 EL Grieß
(jeweils gehäuft)
2 Msp. Backpulver
Butter, Mehl, Brösel für die Form
Staubzucker zum Bestreuen

ZUBEREITUNG

- Rosinen waschen und mit Rum übergießen, Nektarinen in feine Scheibchen schneiden, mit etwas Maracujasaft marinieren.
- In die weiche Butter mit dem Handmixer nach und nach die verquirlten Eier und den Zucker unterziehen, mit Salz, Zimt und Zitrone schaumig rühren. Topfen unterziehen.
- Mehl, Grieß und Backpulver trocken vermengen, mit den Nektarinen und den Rosinen zur Topfenmasse geben, alles vorsichtig vermischen.
- Tortenform ausbuttern, mit einer Mehl-Brösel-Mischung ausstreuen und mit der Topfenmasse füllen.
- Im vorgeheizten Backrohr auf der unteren Schiene bei 200 °C ca. 50 Minuten backen, bis sich der Tortenrand deutlich von der Form löst.
- Im Rohr auskühlen lassen.
- Erst nach dem Erkalten vorsichtig aus der Form lösen.
- Vor dem Servieren mit Staubzucker bestreuen.
- Die Torte eignet sich zum Tiefkühlen und kann auch mit Äpfeln zubereitet werden.

KOKOS-HEIDELBEER-MUFFINS

Sommerliche Köstlichkeit zum Kaffee im Garten

ZUTATEN

Für 12 Muffins
130 g Butter
200 g Zucker
(halb braun, halb weiß)
je 1 Bio-Orange und Bio-Zitrone
80 g Sauerrahm
oder Crème fraîche
400 g Mehl
1 Prise Salz
½ Backpulver
150 g geschälte Mandeln
250 g Heidelbeeren
Butter für die Formen
Schlagrahm
evtl. etwas Heidelbeermarmelade

ZUBEREITUNG

- Butter schaumig rühren, Zucker, fein geriebene Orangen- und Zitronenschale und je 4 EL Orangen- und Zitronensaft sowie den Sauerrahm dazurühren.
- Mehl, Salz und Backpulver in Schüssel geben, gut mischen.
- Buttermischung und gehackte Mandeln unterrühren, dann die leicht angefrorenen Heidelbeeren locker unterkneten, einige Heidelbeeren zurückbehalten.
- Teig zur Rolle formen und in 12 Stücke schneiden.
- Jedes Stück zu einer abgeflachten Kugel rollen, in die ausgebutterten Muffin-Formen setzen und im vorgeheizten Backrohr auf der mittleren Schiene bei 200 °C ca. 30 Minuten backen.
- Restliche Heidelbeeren unter den geschlagenen Rahm ziehen.
- Muffins lauwarm auseinanderschneiden, Schlagrahm dick aufstreichen und sofort genießen.
- Die erkalteten (tiefgekühlten) Muffins kann man auch mit Butter und selbst gemachter Heidelbeermarmelade genießen.

SCHOKO-KIRSCHKUCHEN VOM BLECH

Schnell und ausgiebig

ZUTATEN

Für ein Blech
200 g Schokolade
180 g Butter
3 Eier
170 g Staubzucker
1 KL Vanillezucker
1 Prise Salz
2 Msp. Zimt,
1 Schuss Rum
etwas geriebene Zitronenschale
250 g Mehl
200 g geriebene Mandeln
½ Backpulver
2 EL Kokosflocken
⅛ l Milch
(Zimmertemperatur)
ca. ¾ kg Kirschen
100 g Staubzucker

ZUBEREITUNG

- Schokolade zerkleinern, in kleinem Töpfchen im Wasserbad zergehen und wieder etwas überkühlen lassen.
- Butter mit Eidottern (nach und nach zugeben), Zucker und den Gewürzen schaumig rühren, Schokolade unterziehen.
- Mehl mit Mandeln, Backpulver und Kokosflocken vermischen, abwechselnd mit dem Eischnee und der temperierten Milch vorsichtig unterheben.
- Teig auf ein mit Backpapier belegtes Blech ca. 2 cm hoch gleichmäßig verteilen und die Kirschen (mit Stein) im Abstand von ca. 2 cm leicht in den Teig drücken.
- Im vorgeheizten Backrohr bei 200 °C ca. 30 Minuten backen.
- Überkühlt mit Staubzucker bestreuen und in kleine Würfel schneiden, von denen jeder 1 Kirsche als Mittelpunkt haben sollte.
- Für dieses Rezept kann man auch tiefgekühlte Kirschen verwenden. Man lässt sie nur kurz antauen, bis sie sich voneinander lösen, und verteilt sie über den Teig.

Herbstliche Gaumengenüsse

DES JAHRES GANZE FÜLLE

WARMER KASTANIEN-FENCHEL-SALAT

Ein großartiger, farbenfroher Herbstsalat

ZUTATEN

Mengen variabel
gebratene Kastanien
etwas Butter
1 KL Zucker
Salz, Pfeffer
2 Tassen Balsamico-Essig
etwas Senf
1 Msp. Knoblauchpulver
Olivenöl
Fenchel nach Bedarf
Cocktailtomaten
Radicchio und
Vogerlsalat
Walnüsse

ZUBEREITUNG

- Kastanien braten, aus der Schale lösen, in Butter und Zucker etwas karamellisieren lassen. Salzen, pfeffern, beiseitestellen, sie sollen aber warm bleiben.
- In der Pfanne Balsamico-Essig aufkochen und stark eindicken lassen, kleinen Rest zum Garnieren zurückbehalten.
- Warmen Balsamico-Essig mit Senf, Salz, Knoblauchpulver und 2–3 EL Olivenöl mit dem Schneebesen zu einer cremigen Masse schlagen, Kastanien kurz darin ziehen lassen.
- Vom Fenchel grobe Teile entfernen, in feine Scheiben schneiden. In einer Pfanne in Olivenöl schwenken, bis er bissfest weich ist, mit Salz und Pfeffer würzen.
- Tomaten, Radicchio, Vogerlsalat waschen, mundgerecht zerteilen, auf Küchenpapier abtrocknen.
- Salat auf großen Glastellern nett anrichten, gehackte Walnüsse darüberstreuen, mit warmer Marinade dekorativ übergießen.
- Tellerrand mit einigen Tropfen des eingekochten Balsamico-Essigs gefällig verzieren.

KASTANIENCREMESUPPE

Ein feinwürziges Geschmackserlebnis aus Südtirol

ZUTATEN

Für ca. 4 Personen
300 g Kastanien
gebraten und geschält gewogen
1 Zwiebel
1 EL Butter
1 kl. Porreestange
½ mittelgroße Sellerieknolle
1–2 Kartoffeln
1 Apfel
1 l Fleischsuppe
etwas Zimtrinde
1 Glas Weißwein
(oder trockener Wermut)
Suppenwürze
1 Msp. Knoblauchpulver
Salz, Pfeffer
⅛ l Schlagrahm
Petersilie oder
Schnittlauch

ZUBEREITUNG

- Fein geschnittene Zwiebel in Butter gelb anschwitzen, Porree längs halbieren, sorgfältig waschen, fein aufschneiden, kurz mitrösten.
- Sellerie, Kartoffeln und Apfel schälen, grob raspeln, mit den würfelig geschnittenen Kastanien zu den Zwiebeln geben, mit Fleischsuppe aufgießen, würzen.
- Die Kastanien kann man bei Zeitmangel einige Tage vorher zubereiten und einfrieren. Unter häufigem Umrühren völlig verkochen lassen. Aufpassen, Kastanien brennen leicht an!
- Suppe mit dem Stabmixer pürieren, Zimtrinde ca. 1 Minute darin ziehen lassen, dann wieder herausnehmen. Wein dazugeben, nachwürzen, kurz vor dem Servieren geschlagenen Rahm unterziehen.
- Mit Rahmtupfen, klein geschnittenen Kastanienstücken und Petersilie garnieren.
- Nach Art der Haute Cuisine kann man auch mit einigen ganzen Schnittlauchröhren dekorieren, einen Hauch Zimt darüberstreuen oder zur Farbauffrischung etwas Karotte darüberraspeln.

KASTANIEN-NUDELN IN SALBEIBUTTER

Für Kastanienliebhaber ein Hochgenuss!

ZUTATEN

150 g feines Kastanienmehl
150 g Mehl
3 Eier
1 EL Öl
Salz
Salbeibutter
etwas Butter
3 frische Salbeiblättchen
etwas Parmesan

ZUBEREITUNG

- Beide Mehlsorten auf einem Brett gut vermischen, mit den übrigen Zutaten zu einem mittelfesten Teig verkneten, 1 Stunde zugedeckt bei Zimmertemperatur rasten lassen.
- In 2–3 Partien hauchdünn ausrollen, etwas antrocknen lassen, zusammenrollen, mit einem Messer ca. 1–2 cm breite Streifen abschneiden.
- Streifen jeweils sofort auf ein Küchentuch legen und trocknen lassen.
- Unmittelbar vor dem Servieren 1 Minute in Salzwasser sprudelnd kochen lassen, in ein Sieb gießen und mit kaltem Wasser abschrecken, um den Kochprozess rasch zu beenden.
- Mir genügt dazu Salbeibutter, für die man einige Salbeiblättchen in zerlassener, aber nicht gebräunter Butter kurz ziehen lässt. Mit frisch geriebenem Parmesan abrunden.

Mein Tipp

Kastanienmehl gibt es auch in Italien nur im Herbst und Winter, da es sich nicht lange hält. Leider ist es nicht gerade preiswert, aber gut.
Eine Kastaniensauce ist zu diesem Gericht eine perfekte Ergänzung. Sie wird wie die Kastaniencremesuppe von Seite 37 zubereitet, jedoch dicker gehalten. Man kann dafür auch einen Rest Kastaniencremesuppe tiefkühlen.
Selbst gemachte Nudeln kann man tiefkühlen. Man friert sie am besten ungekocht locker auf ein kleines Tablett gelegt ein. Dann kann man sie platzsparend verpacken. Zur weiteren Verwendung nicht auftauen, sondern gefroren ins Kochwasser geben. Einmal kurz aufkochen lassen – fertig!

KÜRBIS-TORTELLINI

Eine italienische Renaissance-Spezialität

ZUTATEN

Für den Nudelteig
250 g Universalmehl
3 Eier
2 El Öl
Salz

Für die Füllung
500 g Kürbisfleisch
etwas Butter
1 cm Zimtrinde
Salz, Pfeffer
1 Prise geriebene Muskatnuss
½ KL Majoran
1 Ei
150 g italienische Amaretto-Kekse
1 EL Balsamico-Essig
100 g Apfel-Senf-Früchte in Sirup (Mostarda di mele)
2 EL geriebener Parmesan

etwas Butter
5 Salbeiblätter
Parmesan

ZUBEREITUNG

- Die Teigzutaten mischen, den Teig so lange kneten, bis er geschmeidig ist.
- Mit Folie umhüllt ca. 1 Stunde bei Zimmertemperatur rasten lassen. 1 EL Eiweiß zurückbehalten.
- Kürbisfleisch in kleine Stücke teilen, in der Pfanne mit Butter und ein paar Tropfen Wasser zugedeckt garen, bis es weich und ganz trocken, aber nicht braun ist. Fruchtfleisch zerdrücken, Zimtrinde dazugeben, abkühlen lassen, Zimtrinde wieder entnehmen.
- Mit Salz, Pfeffer, Muskatnuss und zerriebenem Majoran würzen.
- Zuletzt Ei, Keksbrösel und Balsamico-Essig, zerdrückte Apfel-Senf-Früchte und Parmesan untermischen, abschmecken.
- Teig so dünn wie möglich ausrollen, nussgroße Häufchen Fülle im Abstand von 5 bis 6 cm voneinander auf einer Hälfte des Teiges anordnen, Abstände dazwischen mit Eiweiß bestreichen.
- Die zweite freie Hälfte des Teiges darüberlegen, die Tortellini am besten mit einem Teigrädchen ausradeln (Ränder schließen sich besser als bei Verwendung eines Messers). 5 Minuten in Salzwasser mehr ziehen als kochen lassen, abseihen.

- Butter in einem Topf zerlaufen lassen, Salbeiblätter darin durchziehen lassen, über die angerichteten Tortellini gießen, Parmesan darüberhobeln.

OFENGEMÜSE MIT PASTINAKEN

Braucht etwas Zeit, macht aber wenig Arbeit

ZUTATEN

Menge variabel
Kartoffeln
Karotten
Zwiebeln
Pastinaken

1 Chilischote
einige Knoblauchzehen
1 Msp. Thymian
Salz, Pfeffer
Olivenöl
Crème fraîche
mit Kräutern
etwas Milch oder Rahm
Schnittlauch, Petersilie

ZUBEREITUNG

- Gemüse schälen, Gartengemüse nur abschaben.
- Wurzeln der Länge nach halbieren, große Kartoffeln vierteln.
- Backblech mit Alufolie überziehen, mit Olivenöl bestreichen, Gemüse mit der Schnittfläche nach unten nebeneinander auflegen und im vorgeheizten Backrohr bei 200 °C ca. 15 Minuten backen.
- Chilischote entkernen und ganz fein schneiden, Hände danach sofort waschen!
- Fein geschnittenen Knoblauch, Chili, Thymian, Salz und Pfeffer mit Olivenöl verrühren, über das Gemüse verteilen.
- Wieder ins Backrohr schieben, bis das Gemüse al dente gebacken ist.
- Zuletzt Crème fraîche mit etwas Milch oder Rahm verrühren, die fein geschnittenen Kräuter unterziehen und über das Gemüse geben.
- Noch einmal einige Minuten übergrillen.

KRÄUTERTOMATEN AUS DEM OFEN

Aromatisch und vielseitig verwendbar

ZUTATEN

Tomaten
etwas Olivenöl
Thymianzweige
Rosmarin, Pfeffer
einige Knoblauchzehen
Salz

ZUBEREITUNG

- Die Tomaten waschen, mit spitzem Messer Fruchtansatz herausschneiden, auf der Oberseite kreuzweise einritzen, einige Sekunden in kochendes Wasser legen.
- In Eiswasser abschrecken, Haut abziehen.
- Tomaten halbieren, in eine Schüssel geben, mit Olivenöl beträufeln und klein geschnittenen Thymian, Rosmarin, Pfeffer und Knoblauch darüberstreuen.
- Backblech mit Backpapier auslegen, Tomatenhälften nebeneinander auflegen.
- Im Backrohr bei ca. 100 °C ca. 2–3 Stunden trocknen lassen.
- Tiefgekühlt lagern.

Diese Tomaten eignen sich besonders gut zur Weiterverwendung in Tomatengerichten wie Pasta-Sugo (siehe Seite 126) oder Tomatensuppe.

TOMATEN-PAPRIKA-OFENGEMÜSE

Vorspeise, Beilage oder warmer Salat

ZUTATEN

Pro Person
ca. 2 Tomaten
1 Paprika
Öl für die Form
Salz, Pfeffer
Fondor
1 Knoblauchzehe
je 1 EL Basilikum
und Petersilie
etwas Thymian
1 KL Oregano
2 EL Olivenöl
2 EL Parmesan
½ Kugel Mozzarella

ZUBEREITUNG

- Eine flache Gratinierform ölen, die in Scheiben geschnittenen Tomaten einlegen, sie sollten nicht übereinander liegen.
- Paprika vierteln, entkernen, auf die Tomaten legen, würzen, mit Öl beträufeln.
- Im vorgeheizten Backrohr bei 150 °C ca. 1 Stunde langsam schmoren lassen.
- Mit Parmesan bestreuen, Backrohr abschalten, Gemüse etwas stehen lassen.
- Zuletzt das Backrohr auf 250 °C hochdrehen, klein gewürfelten Mozzarella über das Gemüse verteilen und ca. 5 Minuten überbacken.
- Als Beilage servieren oder marinieren und mit Baguette als Salat genießen.

ZWIEBELKUCHEN

Preiswertes Schmankerl zum Abendessen oder Törggelen

ZUTATEN

Für 4–5 Personen
1 Packung Blätterteig
1 kg Zwiebeln
1 EL Butter
2 Knoblauchzehen
3 EL Milch
1 EL Mehl
¼ l Sauerrahm
2 Eier
Salz, Pfeffer
1 Msp. Paprikapulver
1 Hauch Cayennepfeffer
etwas Kümmel
(ganz oder gemahlen)
100 g fein gewürfelter Speck
etwas Schnittlauch

ZUBEREITUNG

- Die Zwiebeln unter laufendem kaltem Wasser schälen, dann werden Sie nicht zu Tränen gerührt!
- Zwiebel fein schneiden, in Butter weich dämpfen, fein geschnittenen Knoblauch dazugeben.
- Milch, Mehl, Sauerrahm und Eier verrühren, würzen.
- Speck, erkaltete Zwiebeln und den fein geschnittenen Schnittlauch dazugeben.
- Den Teig auf Backpapier leicht ausrollen, damit er dünn und knusprig wird.
- Mithilfe des Papiers auf ein Backblech legen, Teig mit einer Gabel ein paar Mal einstechen.
- Zwiebelmasse gleichmäßig über das Blech verteilen, im vorgeheizten Backrohr bei 200 °C ca. 30 Minuten backen, bis sich der Kuchen appetitlich braun färbt.
- Der Zwiebelkuchen wird warm gegessen. Dazu schmeckt Bier oder Weißwein.
- Wenn Sie den Zwiebelkuchen gern scharf mögen, lassen Sie einen getrockneten Peperoncino einige Minuten in den gedämpften Zwiebeln ziehen. Rechtzeitig wieder herausnehmen!

BIRNENTARTE MIT STREUSEL

Eine Tarte ist immer nur ein Hauch von einer Torte

ZUTATEN

Für den Mürbteig

220 g Mehl
160 g kalte Butter
50 g Staubzucker
1 Prise Salz
1 Eidotter
2 EL eiskaltes Wasser

Für die Fülle

80 g Marzipan-Rohmasse
1 Eiweiß
20 g Butter
2 EL Orangensaft
3 EL geriebene Mandeln
750 g nicht zu reife Birnen
etwas Zitronensaft
etwas Marillen- oder Orangenmarmelade
etwas Cointreau oder Williams

Streusel

60 g Butter
100 g Mehl
geriebene Orangenschale
50 g Staubzucker

ZUBEREITUNG

- Alle Zutaten zu einem Mürbteig kneten, mindestens 1 Stunde kalt stellen.
- Marzipan zerkrümeln, mit Eiweiß, Butter, Orangensaft, Mandeln und Zimt glatt rühren.
- Birnen schälen, entkernen, in Spalten schneiden, sofort mit Zitronensaft und Likör oder Schnaps beträufeln.
- Teig dünn ausrollen, in die Tarte-Form einlegen, Rand hochziehen.
- Marzipanmasse auf den Boden aufstreichen, Birnen dekorativ darauf verteilen, erwärmte Marmelade mit dem Mehlspeispinsel auf die Birnen streichen.
- Für den Streusel Butter in einem Töpfchen zergehen lassen, die restlichen Zutaten mit einer Gabel hineinrühren, bis eine streuselartige Konsistenz entsteht.
- Die Krümel mit der Hand über die Tarte verteilen, dabei nochmals etwas zerkrümeln.
- Im vorgeheizten Backrohr bei 200 °C ca. 30 Minuten backen.

BIRNENKUCHEN AUS ITALIEN

Besonders aromatisch

ZUTATEN

Für den Mürbteig
400 g Mehl
250 g Butter
100 g Zucker
1 Ei
1 Eidotter
1 Prise Salz

Für die Fülle
1 kg halbreife Birnen
100 g Rosinen
1 Glas Vino Santo
(ersatzweise Sherry oder Rum)
50 g Pinienkerne
60 g Zucker
50 g Butter
1 Msp. Zimt
100 g Cantuccini
(italienische Kekse mit
Bittermandelaroma)

ZUBEREITUNG

- Alle Zutaten zu einem Mürbteig kneten, einen kleinen Eirest zurückbehalten.
- Ein Drittel der Teigmenge abnehmen, beide Teigportionen zu Kugeln formen, in Folie wickeln und 1 Stunde im Kühlschrank rasten lassen.
- Birnen schälen und würfeln, Rosinen heiß waschen, abtrocknen, Vino Santo darübergießen.
- Pinienkerne ohne Fett leicht anrösten.
- Zucker, Rosinen mit der Einweichflüssigkeit, Pinienkerne, flüssige Butter und Zimt zu den Birnen geben.
- Die große Teigkugel als Boden für eine große Springform ausrollen, 3 cm hohen Rand hochziehen.
- Fein zerbröckelte Cantuccini auf dem Boden verteilen. Fülle daraufgeben.
- Restlichen Teig ausrollen, als Deckel über die Fülle geben, Ränder gut zusammendrücken.
- Teigdeckel vor dem Auflegen mit einer Gabel mehrmals einstechen, mit Eirest bepinseln.
- Im vorgeheizten Backrohr bei 180 °C ca. 40 Minuten backen.
- Diesen Kuchen kann man statt mit Birnen auch mit Äpfeln oder entsteinten Zwetschken zubereiten.

KASTANIEN-KOKOS-KUCHEN

Wird mit jedem Tag besser

ZUTATEN

200 g Kastanienmehl
100 g Kokosflocken
100 g Maizena oder Mehl
1 Msp. Backpulver
6 Eiweiß
200 g Staubzucker
6 Eidotter
⅛ l neutrales Öl
(z. B. Maiskeimöl)
4 cl Eierlikör
1 Schuss Rum
1 Prise Salz
etwas Vanillezucker
1 Msp. Zimt
abgeriebene Schale von
½ Zitrone
einige Tropfen warme Milch
Butter und Mehl für die Form

ZUBEREITUNG

- Kastanienmehl, Kokosflocken, Maizena und Backpulver trocken gut vermischen.
- Eiweiß steif schlagen, zuletzt 1 EL Staubzucker dazugeben.
- Eidotter mit Staubzucker, Öl, Eierlikör, Rum und den Gewürzen zu einer dicken Masse schlagen.
- Die trockenen Zutaten abwechselnd mit dem Eischnee locker unterheben, evtl. einige Tropfen Milch dazugeben (je nach Größe der Eier). Die Masse soll gerade noch von selbst in die gefettete und bemehlte Backform (Königskuchenform) gleiten.
- Im vorgeheizten Backrohr bei 180 °C ca. 45 Minuten backen. Backprobe machen.
- Kuchen abkühlen lassen, in Alufolie verpackt ein bis zwei Tage im Kühlschrank rasten lassen, damit sich die verschiedenen Aromen entwickeln können.
- Der Kuchen ist lange haltbar und kann auch tiefgekühlt werden.

WARMER OBSTSALAT

Reife Quitten ergänzen das aromatische Dessert

ZUTATEN

Geschälte Quitten
Birnen, Äpfel
(mit oder ohne Schale)
Bananen, Ananas
entkernte Trauben
(blau und/oder weiß)
filetierte Orangen
Zucker
1–2 Msp. Zimt
Saft von je 1 Zitrone und 1 Orange
einige Pinien- oder Mandelkerne
etwas Rum oder Orangenlikör
Vanilleeis
Schlagrahm

ZUBEREITUNG

- Die Zutaten für dieses Rezept können Sie variieren, je nachdem, was gerade vorrätig ist. Falls Sie Quitten verwenden, müssen Sie diese ihrer Härte wegen etwas vorkochen.
- Alle Früchte beliebig klein schneiden, vermischen, in eine gebutterte, feuerfeste Form füllen, mit Zucker und Zimt bestreuen, mit Zitronen- und Orangensaft marinieren. Mit gehackten Pinienkernen oder Mandeln bestreuen.
- Die Früchte sollten einige Stunden abgedeckt durchziehen können.
- Mit Folie abgedeckt im Backrohr bei 150 °C nicht ganz 1 Stunde schmoren lassen. Zuletzt Folie entfernen.
- Mit Vanilleeis und einem Klecks Schlagrahm servieren.

VERSCHNEITES KASTANIENEISPARFAIT

Auf Brombeerspiegel serviert

ZUTATEN

Für das Parfait

2 Eidotter
100 g Zucker
1 Tasse Milch
½ Vanilleschote
100 g Kastanienpüree
1 EL Rum
¼ l Schlagrahm
2 Eiweiß

Für den Brombeerspiegel

500 g Brombeeren
1 Glas Portwein (Rotwein)
4 EL Zucker
1 cm Zimtrinde
Zitronenschale
etwas Brombeerlikör
(ersatzweise Cointreau)
⅛ l Schlagrahm
2 EL Kokosflocken
oder etwas weiße Schokolade
Zitronenmelisse zum Garnieren

ZUBEREITUNG

- Für das Parfait Eidotter und Zucker schaumig rühren, Milch mit Vanilleschote aufkochen, unter die Schaummasse rühren, Kastanienpüree und Rum dazugeben.
- Masse kühlen, geschlagenen Rahm und Eischnee unterheben.
- Parfaitmasse in eine mit Klarsichtfolie ausgelegte Form einfüllen. Im Tiefkühlschrank 4 Stunden frieren lassen.
- Brombeeren mit Wein, Zucker und Gewürzen aufkochen lassen, Zimtrinde und Zitronenschale entfernen, durch ein Passiergerät drücken.
- Brombeerlikör und einige zurückbehaltene ganze Brombeeren dazugeben, 2–3 Stunden im Kühlschrank ziehen lassen.
- Auf Dessertteller halb Brombeermasse und halb nur leicht geschlagenen Schlagrahm geben, mit einem Stäbchen oder einer Gabel ein Muster durch beide Massen ziehen.
- Parfaitform einen Augenblick in heißes Wasser tauchen, dann gleitet es ganz leicht aus der Form.
- Parfait in Scheiben schneiden und auf der Brombeermasse anrichten.
- Kokosflocken oder Späne von weißer Schokolade darüber „schneien" lassen, mit Zitronenmelisse garnieren.
- Das Parfait schmeckt auch hervorragend mit Preiselbeer- oder Weichselkompott.
- Mit diesem Dessert punkten Sie auch bei verwöhnten Naschkatzen.

Grünes mit Haube

KÜCHENZAUBER MIT GEMÜSE

TOMATENSUPPE FÜR GOURMETS

Auf der Kanalinsel Sark entdeckt

ZUTATEN

Für 4 Personen
1 kg vollreife Tomaten
etwas Sellerie
(Stange oder Knolle)
2 Zwiebeln
2 Knoblauchzehen
etwas Olivenöl und Butter
1 EL Zucker
½ Tasse Balsamico-Essig
50 g in Öl eingelegte Tomaten
½ rote Paprikaschote
etwas Oregano
1 cm Zimtrinde
Zitronenthymian
1 EL Petersilie
1 Zweig Rosmarin
1 frisches Lorbeerblatt
1 Prise geriebene Muskatnuss
Salz, Pfeffer
125 g Crème fraîche
mit Kräutern
⅛ l Süßrahm

Parmesan
frisches Basilikum
etwas Kapuzinerkresse

ZUBEREITUNG

- Tomaten waschen, zerkleinern, mit klein geschnittenem Sellerie in wenig Wasser weich kochen, anschließend passieren.
- In einem großen Topf klein geschnittene Zwiebeln und Knoblauch in Öl-Butter-Gemisch hellgelb anschwitzen, Zucker darübergeben, unter Umrühren leicht karamellisieren lassen. Mit Balsamico-Essig aufgießen, köcheln lassen.
- Eingelegte Tomaten (oder Kräutertomaten von Seite 41) und Paprikaschote hacken und dazugeben.
- Mit wenig Wasser aufgießen, würzen, verkochen lassen, mit dem Stabmixer pürieren.
- Passierte Tomaten dazumengen, verrühren, abschmecken.
- Crème fraîche unterziehen, ½ Stunde rasten lassen, damit sich die Gewürze harmonisch verbinden können. Anschließend Lorbeerblatt, Rosmarinzweig, Zimtrinde entfernen.
- Vor dem Servieren einen Teil des steif geschlagenen Rahms unterziehen.
- Suppe in vorgewärmte Teller füllen, in die Mitte einen Klecks Schlagrahm geben. Vom Parmesan Späne abhobeln und über die Suppe streuen, mit der Schere Basilikum darüberschneiden.

WEISS-GRÜNER SPARGELSTRUDEL

Meine attraktive Strudel-Variante

ZUTATEN

Zutaten Topfenblätterteig
siehe Seite 171
(halbe Menge für 1 großen Strudel)

Für die Fülle
500 g weißer Spargel
500 g grüner Spargel
Salz
½ KL Zucker
etwas Butter
1 kl. Stange Porree
100 g Schinken
100 g Bergkäse (od. Käsereste)
1 Ei
2 EL eingelegte Kapern
125 g Crème fraîche mit Kräutern
1 EL gehackte Petersilie
10 Blatt Bärlauch
Brösel
etwas Paprika
etwas Fondor
1 Prise geriebene Muskatnuss
Pfeffer
Radieschen und Bärlauchblüten zum Garnieren

ZUBEREITUNG

- Den Topfenblätterteig zubereiten wie auf Seite 171 beschrieben.
- Weißen Spargel schälen, beim grünen Spargel holziges Ende entfernen.
- Beide Sorten in 1 cm breite, schräge Stücke schneiden, salzen, zuckern, in einer Pfanne in wenig Butter bei milder Hitze zugedeckt ca. 5 Minuten al dente dünsten.
- Vom grünen Spargel pro Person 2 längere Spitzen zum Garnieren zurückbehalten. Fein geschnittenen Porree dazugeben, mitrösten, bis er zusammenfällt. In einer Schüssel überkühlen lassen.
- Inzwischen in einer Pfanne den klein geschnittenen Schinken leicht anrösten.
- Mit geriebenem Bergkäse, Ei, abgetropften Kapern, Crème fraîche, gehackter Petersilie und den fein aufgeschnittenen Bärlauchblättern zur Spargelmasse geben. So viele Brösel unterziehen, dass die Masse nicht mehr rinnt, würzen.
- Teig ungefähr zur Größe eines Backblechs ausrollen. Ränder mit zerlassener Butter bestreichen, einige Brösel über den Teig verteilen.
- Erkaltete Fülle im unteren Teigdrittel verteilen, Teig rasch zusammenrollen. Teigrolle auf ein mit Backpapier ausgelegtes Blech legen, mit zerlassener Butter bestreichen und im vorgeheizten Backrohr bei 200 Grad °C ca. 40 Minuten backen.
- Mit Spitzen vom grünen Spargel, blättrig aufgeschnittenen Radieschen und Bärlauchblüten garnieren.

TESSINER BRENNNESSEL-SPINAT-KUCHEN

Verwenden Sie dazu nur zarte Brennnesselspitzen

ZUTATEN

Pastetenteig aus
250 g Mehl
100 g kalte Butter
1 KL Salz
1/8 l kaltes Wasser

Für die Fülle
200 g Brennnesselspitzen
500 g frischen Blattspinat
2 Zwiebeln
2 Knoblauchzehen
etwas Butter
3 Eier
125 g Crème fraîche
1–2 EL gehackte Petersilie
2 EL fein geschnittenes Basilikum
100 g geriebener Bergkäse
1 Prise geriebene Muskatnuss
1 Msp. Kümmel
1 Msp. Paprika
Salz, Pfeffer
3–4 EL Brösel
einige Würfel Mozzarella

ZUBEREITUNG

- Den Pastetenteig zubereiten wie auf Seite 172 beschrieben.
- Brennnesselspitzen und Spinat gut waschen, in einem großen Topf mit ganz wenig Wasser kurz überbrühen, bis die Blätter zusammenfallen.
- Abtropfen lassen, mit der Hand möglichst viel Saft ausdrücken. Mit dem Stabmixer zerkleinern, abkühlen lassen.
- Fein gehackte Zwiebel und Knoblauch in Butter leicht anschwitzen, mit der Brennnessel-Spinat-Masse und den restlichen Zutaten vermischen.
- Zwei Drittel des Käses unterziehen und anschließend eher mild würzen, da die Fülle beim Backen eindickt und dadurch schärfer wird.
- Teig dünn ausrollen, in eine Tortenform von ca. 30 cm Durchmesser einlegen und einen Rand von ca. 5 cm hochziehen.
- Fülle über den Teig geben und glatt streichen, mit dem restlichen geriebenen Käse bestreuen, Mozzarella-Würfel darüber verteilen.

Mein Tipp

Saubere Brennnesseln sind heute nicht mehr so leicht zu finden. Gehen Sie am besten mit Handschuhen „bewaffnet" auf einen Spaziergang und halten Sie die Augen offen. Brennnesseln schmecken, ehrlich gesagt, nach nicht viel, haben aber eine blutreinigende wie auch eine entschlackende Wirkung und dazu wertvolle Inhaltsstoffe. Manche haben ein Vorurteil gegen das Verspeisen dieses „Unkrauts". Am besten schmuggelt man Brennnesseln zuerst einmal unerkannt ins Essen und berichtet erst später darüber. Gute Köchinnen und Köche hatten ja schon immer ihre Geheimnisse.

ÜBERBACKENER FENCHEL

Ein italienisches Gemüsegericht

ZUTATEN

Für 4 Personen
3–4 Fenchelknollen
(je nach Größe)
½ Bio-Zitrone
1 Zwiebel
etwas Butter
2 Knoblauchzehen
Butter oder Margarine für die Form
1 Dose geschälte Tomaten
Salz, Pfeffer
etwas Thymian
1 EL Petersilie
Brösel
3 EL Parmesan
Butterflöckchen, Olivenöl

ZUBEREITUNG

- Fenchelknollen waschen, die äußerste harte Schale dünn abschälen, Stiele entfernen, zartes Grün zurückbehalten.
- Knollen der Länge nach in 6 Teile schneiden, in wenig Salzwasser mit etwas Zitronensaft in ca. 10 Minuten bissfest garen.
- Inzwischen Zwiebel schälen und fein hacken, in Butter ganz leicht andünsten, gehackten Knoblauch zuletzt kurz mitdünsten.
- Feuerfeste Form ausbuttern, Tomaten etwas zerdrücken, salzen und zusammen mit den abgetropften Fenchelstücken in die Form geben.
- Etwas Tomatensaft darüberstreichen, mit wenig Salz, Pfeffer und Thymian würzen. Petersilie und Fenchelgrün fein hacken und darüber verteilen, danach Brösel und Parmesan darüberstreuen. Mit einigen Butterflöckchen belegen und mit etwas Olivenöl beträufeln.
- Im vorgeheizten Backrohr bei 200 °C ca. 20 Minuten überbacken.
- Überbackener Fenchel passt besonders gut als Beilage zu gegrillten Schweinskoteletts oder zu einem Wildschweinbraten.
- Setzt man einige Würfel Mozzarella darauf, eignet sich dieses Rezept auch als vegetarisches Hauptgericht.

ENGLISCHE LAUCHTARTE

Gehört vermutlich bald zu Ihren Leibspeisen

ZUTATEN

Pastetenteig von Seite 172 aus
250 g Universalmehl
100 g kalter Butter
1 KL Salz
1/8 l kaltem Wasser

Für die Fülle
3 große Zwiebeln
50 g Butter
1 Knoblauchzehe
1 kg Lauch (grün und weiß)
etwas Speck, fein gewürfelt
3 Eier
¼ l Süßrahm
125 g Crème fraîche mit Kräutern
1 Msp. Curry
1 Prise geriebene Muskatnuss
1 Msp. Paprikapulver
Salz, Pfeffer
1 EL Estragon (ersatzweise Petersilie)

ZUBEREITUNG

- Den Pastetenteig zubereiten wie auf Seite 172 beschrieben.
- Für die Fülle fein gehackte Zwiebel in Butter zartgelb andünsten, fein geschnittenen Knoblauch anschwitzen, in eine große Schüssel geben.
- Lauch längs halbieren, gut waschen, in 1 cm breite Streifen schneiden. Verwendet wird nicht nur der weiße Teil, sondern auch reichlich vom grünen Schaft, bis er wirklich grob wird.
- Speck anlaufen lassen, mit dem Lauch dünsten, bis dieser zusammenfällt.
- Eier, Rahm, Crème fraîche, Gewürze und Kräuter versprudeln, mit der abgekühlten Lauch-Zwiebel-Masse vermischen. Mit Salz vorsichtig sein, da der Speck salzig ist.
- Teig dünn ausrollen, in eine Torten- oder Pie-Form von ca. 30 cm Durchmesser einlegen, Rand hochziehen, mit einer Gabel einige Löcher in den Boden einstechen.
- Die vollständig abgekühlte Lauch-Zwiebel-Masse einfüllen und glatt streichen.
- Im Backrohr auf der mittleren Schiene bei 200 °C ca. 50 Minuten backen, bis sich die Tarte vom Rand löst.
- Die Lauchtarte kann heiß, lauwarm oder kalt gegessen werden, aufgewärmt schmeckt sie besonders gut. Sie eignet sich auch zum Einfrieren.

MEDITERRANER STRUDEL

Wenn Sie die Zutaten mögen, einfach umwerfend gut!

ZUTATEN

Zutaten Topfenblätterteig siehe Seite 171 (wahlweise fertig gekaufter Strudelteig)

Für die Fülle

1 kg Zucchinifleisch, geschält, entkernt gewogen
Olivenöl
1–2 Zwiebeln, 2 Knoblauchzehen
100 g in Öl eingelegte Tomaten (oder Kräutertomaten von S. 41)
einige grüne und schwarze Oliven
2 EL Kapern, 1 Ei
½ rote Paprikaschote
etwas Petersilie
Basilikum, Thymian, Oregano
Salz, Pfeffer, Paprikapulver
250 g Crème fraîche mit Kräutern
1 Kugel Mozzarella oder gleiche Menge Feta (Schafskäse)
Brösel, Butter
2 EL ungeschälter Sesam

ZUBEREITUNG

- Den Topfenblätterteig zubereiten wie auf Seite 171 beschrieben.
- Zucchinifleisch in 3–5 cm große, flache Stückchen aufblättern, in einer großen Pfanne in Olivenöl gelblich anbraten.
- Klein geschnittene Zwiebel und Knoblauch gleichfalls anschwitzen, abkühlen lassen.
- Tomaten, Oliven, Kapern klein schneiden, mit dem Ei, der fein würfelig geschnittenen Paprikaschote, den Kräutern und Gewürzen, dem in kleine Stücke geschnittenen Käse und dem Zucchinifleisch locker vermischen.
- Masse vollkommen abkühlen lassen. Dann wie auf Seite 51 beschrieben den Strudel füllen und backen.
- Kurz vor dem Ende der Backzeit den Strudel nochmals mit Butter bepinseln und mit Sesam bestreuen. Er sollte nicht zu dunkel werden.

Mein Tipp

Die meisten Zucchinirezepte eignen sich, entgegen der landläufigen Meinung, bestens zur Verwertung eines Riesenzucchinos mit mehreren Kilo Gewicht.
Die kürbisartig harte Schale verhindert ein rasches Austrocknen und macht das vielseitig verwendbare Gemüse bei kühler Temperatur lange lagerfähig. Zur Verwendung muss er natürlich geschält werden, während junge, zarte Zucchini mit der Schale verarbeitet werden. Als Strudelfülle ziehe ich einen großen Zucchino sogar vor, da er nicht mehr so viel Wasser enthält. Beim Schneiden macht er aber etwas mehr Arbeit.

BROKKOLI-KAPERN-TARTE

Preiswert und pikant

ZUTATEN

Zutaten Pastetenteig
siehe Seite 172

Für die Fülle
500 g Brokkoli
1 Zwiebel
1 Knoblauchzehe
1 EL Butter
1 Porreestange
2 Tassen Kapern mit Stiel
100 g Schinken
3 Eier
¼ l Süßrahm
125 g Crème fraîche
mit Kräutern
1 EL gehackte Petersilie
etwas Fondor
1 Prise geriebene Muskatnuss
Salz, Pfeffer
Brösel
1 Tasse geriebener Parmesan
oder Käsereste
Butterflöckchen

ZUBEREITUNG

- Den Pastetenteig zubereiten wie auf Seite 172 beschrieben.
- Brokkoli in kleine Röschen zerteilen, in wenig Wasser 5 Minuten kochen, in ein Sieb geben, abtropfen lassen.

- Zwiebel und Knoblauch fein hacken und in wenig Butter zart gelblich anschwitzen.
- Porree halbieren, gut waschen, in feine Streifen schneiden, ebenfalls leicht anschwitzen.
- Kapern halbieren, Schinken in kleine Würfel schneiden und mit den restlichen Zutaten in die Schüssel zum überkühlten Brokkoli geben, würzen und alles gut vermischen.
- Teig sehr dünn ausrollen, in eine große Tarte-Form einlegen und ca. 4 cm Rand hochziehen. Der Teigrand sollte besonders dünn sein.
- Brokkolimasse einfüllen, glatt streichen.
- Mit Bröseln und Parmesan bestreuen und mit Butterflöckchen belegen.
- Im vorgeheizten Backrohr bei 220 °C ca. 30 Minuten backen.
- Diese Tarte schmeckt auch aufgewärmt ausgezeichnet.

Frühlingsvariante: Statt Kapern kann man 3–4 EL frischen, klein geschnittenen Bärlauch zur Fülle geben.

ÜBERBACKENE MELANZANI

Ein köstliches Gemüsegericht aus Griechenland

ZUTATEN

Für 4 Personen

4 Melanzani
1 große Zwiebel
300 g Faschiertes
1 Knoblauchzehe
Öl
einige Tomaten
1 EL Tomatenmark
etwas Fondor
1 Msp. Paprika
Salz, Pfeffer
½ Bund Petersilie
2 EL Brösel,
100 g Feta oder
geriebene Käsereste
1 EL Basilikum

Béchamelsauce
2 EL Butter
3 EL Mehl
½ l Milch
1 Ei
1 Msp. Muskatnuss
Salz, Pfeffer

ZUBEREITUNG

- Melanzani waschen, Stielansatz abschneiden.
- Rundum bei starker Hitze anbraten, abkühlen lassen, dann längs halbieren, Fruchtfleisch rautenförmig einschneiden, aber nur so tief, dass die Haut ganz bleibt.
- Fruchtfleisch mit dem Löffel herausschaben, klein hacken.
- Zwiebel fein schneiden, mit dem Faschierten und dem fein gehackten Knoblauch in Öl bei starker Hitze bräunlich anbraten. Melanzani-Fleisch dazugeben.
- Tomaten (evtl. vorher häuten) würfeln, mit Tomatenmark in die Pfanne geben.
- Gewürze daruntermischen und alles bei mittlerer Hitze ca. 5 Minuten schmoren lassen.
- Fein aufgewiegte Petersilie, Brösel, die Hälfte des Käses und klein geschnittenes Basilikum dazugeben.
- Melanzani in eine feuerfeste, gefettete Form nebeneinanderschichten, füllen.
- In einem Topf Butter zergehen lassen, Mehl einrühren, mit der Milch zu dicker Béchamel verkochen.
- Topf von der Platte ziehen, Ei verquirlen und mit dem restlichen Käse unter die überkühlte Béchamel rühren, würzen.
- Melanzani damit überziehen und im vorgeheizten Backrohr bei 200 °C gut 30 Minuten überbacken.

SCHWARZWURZEL-KARTOFFEL-TARTE

Ein Gourmet-Gemüsegericht

ZUTATEN

Für 2–3 Personen
500 g Schwarzwurzeln
etwas Zitronensaft
etwas Butter
4 große Kartoffeln
ca. 1/8 l Süßrahm
oder Crème fraîche

Butter für die Form
1 kl. Zwiebel
Salz, Pfeffer
ein Hauch Cayennepfeffer
1 Prise Zucker
1 Msp. Paprikapulver
1 Prise geriebene Muskatnuss
Salz, Pfeffer
1 Zweig Rosmarin
einige Butterflöckchen
50 g Gorgonzola
(oder Käsereste)

ZUBEREITUNG

- Die Schwarzwurzeln unter fließendem Wasser schälen, sofort in Zitronenwasser legen, da sie sich sonst dunkel verfärben. In ca. 4 cm lange Stücke schneiden und in wenig Zitronenwasser al dente kochen, abgießen und in wenig Butter kurz schwenken.
- In der Zwischenzeit die rohen Kartoffeln schälen, mit dem Krauthobel in Blättchen schneiden, mit Rahm übergießen, Gewürze hinzufügen und untermengen. Rosmarinzweig dazulegen.
- Große flache Tarte-Form ausbuttern, klein gehackte Zwiebel darin ganz leicht anschwitzen, Kartoffeln dachziegelartig darüber einschichten.
- Wenn Sie den Geschmack von Rosmarin nicht übermäßig lieben, jetzt herausnehmen, sonst mitbacken.
- Die Schwarzwurzeln gefällig auf den Kartoffeln anordnen, mit einigen Butterflöckchen belegen und mit Folie abdecken.
- Im vorgeheizten Backrohr bei 200 °C ca. 30 Minuten backen.
- Nach ca. 15 Minuten Backzeit Abdeckung entfernen und offen weiterbacken, bis die Kartoffeln leicht knusprig sind.
- Dann den Gorgonzola darüber verteilen und nochmals kurz ins sehr heiße Backrohr schieben, bis der Käse zerlaufen ist.

Es muss nicht immer Grünzeug sein

KÖSTLICHES MIT FLEISCH UND FISCH

BLITZ-FORELLE

Gelingt garantiert auch „Fischeinsteigern“

ZUTATEN

Pro Person
1 geputzte Forelle
1 EL Butter
etwas Öl
Petersilie mit Stängel
1 kl. Zwiebel
1 Bio-Zitrone
Salz, Pfeffer

Beilage pro Person
2–3 mittelgroße Kartoffeln
Salz
Petersilie

ZUBEREITUNG

- In einer großen, eher tiefen Pfanne mit Deckel Butter in Öl zergehen lassen.
- Die ausgenommenen, gewaschenen, mit Küchenpapier abgetrockneten Forellen mit Petersilienzweig, halbierter Zwiebel und etwas dünn abgeschälter Zitronenschale füllen, mit dem Rücken nach außen in die Pfanne legen und langsam so biegen, dass sie in die Rundung passen.
- Mit Salz und Pfeffer bestreuen, etwas Zitrone darüberträufeln und bei mittlerer Hitze zuerst auf einer Seite braten, dann vorsichtig auf die andere Seite drehen. Deckel geschlossen halten.
- Wenn die Fischhaut auf beiden Seiten bräunlich ist, die Platte ausschalten und den Fisch noch einige Minuten ziehen lassen.
- Die Forellen sind gar, wenn sich das Fischfleisch von der Mittelgräte leicht lösen lässt.
- Mit Petersilienkartoffeln, für die man die Kartoffeln schält, viertelt, in Salzwasser weich kocht, abgießt und mit gehackter Petersilie bestreut, servieren.
- Die Kartoffeln sollte man kurz vor dem Bratbeginn des Fisches aufsetzen, dann ist alles zur gleichen Zeit fertig. Den ausgetretenen Fischsaft kann man über die Kartoffeln verteilen.

Mein Tipp

Profis raten beim Fischeinkauf, nach der Kiemenfarbe zu gehen. Und die sollte rötlich sein. Mein zusätzlicher Rat: Gehen Sie nach dem Preis. Je frischer der Fisch, umso teurer ist er. Der höhere Preis steht aber durchaus dafür. Denn wenn's durchs ganze Haus „fischelt“, haben die meisten schon gegessen. Ich nehme mich da nicht aus.

FORELLENFILET UNTER DER HAUBE

Ein köstliches Fischgericht

ZUTATEN

Pro Person

1 Forellenfilet
Salz, Pfeffer
1 Bio-Zitrone
etwas Räucherlachs
125 g Crème fraîche
mit Kräutern
ein Hauch Cayennepfeffer
etwas geriebene Zitronenschale
1 EL eingelegte Kapern
½ Bund Schnittlauch
Butter für die Form

Pro Filet

1 große Kartoffel
Salz, Pfeffer
1 Prise geriebene Muskatnuss
Butterflöckchen
etwas frischer Kren

ZUBEREITUNG

- Forellenfilets salzen, pfeffern und mit wenig Zitronensaft beträufeln. Restliche Zitrone in dünne Scheiben schneiden, als Unterlage für den Fisch verwenden.
- Räucherlachs zerdrücken, mit Crème fraîche verrühren, mit Salz, Pfeffer, einem Hauch Cayennepfeffer, geriebener Zitronenschale, den fein geschnittenen Kapern und Schnittlauchröllchen abschmecken.
- Feuerfeste Form mit Butter ausstreichen, Fischfilets mit etwas Abstand voneinander einlegen, Würzmasse auf die Fischfilets verteilen.
- Pro Filet 1 große Kartoffel schälen, mit dem Krauthobel in feine Scheiben aufblättern und diese mit dem Messer in möglichst feine Streifen (Julienne genannt) aufschneiden. Salzen, pfeffern und mit frisch geriebener Muskatnuss würzen.
- Kartoffeln großzügig über den Fisch streuen, einige kleine Butterflöckchen aufsetzen.
- Im vorgeheizten Backrohr auf der mittleren Schiene bei 200 °C ca. 20 Minuten überbacken, bis die Kartoffeln gar und knusprig braun sind.
- Vor dem Servieren nach Geschmack etwas frischen Kren darüberreiben.

FISCH NACH SEYCHELLEN-ART

Ganz einfach, aber wunderbar aromatisch

ZUTATEN

Pro Person
1 kl. ganzer Seefisch
Salz, Pfeffer
Zitronensaft
etwas Ingwer
1 Knoblauchzehe
1 EL Kurkuma
etwas Kokosmilch
Öl für die Form
1 kl. Zwiebel
einige Kirschtomaten

ZUBEREITUNG

- Am besten verwendet man pro Person einen kleineren, ganzen Seefisch. Original wäre z. B. Red Snapper.
- Fisch schuppen, mit Salz, Pfeffer und Zitronensaft einreiben, seitlich mit ca. 5 cm Abstand tiefe, schräge Einschnitte machen.
- Aus zerdrücktem Ingwer, Knoblauch, Kurkuma und einigen Tropfen Kokosmilch eine dicke Paste bereiten, in die Einschnitte füllen und den Fisch damit einreiben.
- Eine feuerfeste Form mit Öl bestreichen, klein geschnittene Zwiebel und Tomaten einlegen, den Fisch darüberlegen und alles anbraten.
- Wenn der Fisch Farbe angenommen hat, vorsichtig umdrehen, restliche Kokosmilch dazugießen und für einige Minuten bei 220 °C Oberhitze ins Backrohr stellen, bis der Fisch auch auf der zweiten Seite knusprig ist.
- Wenn sich das Fleisch von der Mittelgräte löst, ist der Fisch fertig gebraten. Keinesfalls zu lange braten, denn das würde den Fisch trocken machen.

Mein Tipp

Kauft man einen ganzen Meeresfisch, muss dieser vor der Zubereitung geschuppt werden. Das lässt sich gut mit einem Messer bewerkstelligen.
Fischliebhaber können sich in wenigen Minuten ein Spezialgerät basteln, wie es auf den Seychellen verwendet wird: Zwei Kronenkorken werden eng nebeneinander auf ein längliches, flaches Holzstück mit abgeschliffenen Kanten, das wie eine Bürste in der Hand liegt, genagelt oder geklebt. Den Fisch am besten in das Waschbecken legen und mit dem Schaber in beide Richtungen über den Fisch fahren. Achtung! Die Schuppen fliegen nur so. Nach dem Schuppen den Fisch nochmals gut waschen.

POCHIERTER FISCH IN ESTRAGONSAUCE

Delikat, magenfreundlich und kalorienarm

ZUTATEN

Pro Person

ca. 200 g frischer Seefisch
Fischabfälle
(Köpfe, Gräten usw.)
1 Zitrone
1 Karotte
1 Zwiebel
einige Pfefferkörner

Für die Sauce

1 Frühlingszwiebel
3 Champignons
1 Glas trockener Wermut
1 Glas Weißwein
etwas Suppe
Salz, Pfeffer
1 Bio-Zitrone
ca. 10 cm Estragonzweig
3 große Petersilienstängel
⅛ l Süßrahm
2 EL Crème fraîche
1 Msp. Curry
ein Hauch Cayennepfeffer
1 KL Butter
frische Estragonblättchen

ZUBEREITUNG

- Aus Fischabfällen, Zitronenscheiben, Karotte, halbierter Zwiebel und Pfefferkörnern einen Fischsud bereiten, 10 Minuten köcheln lassen, abseihen.
- Sud wieder zum Kochen bringen, gesäuberten Seefisch ganz oder portioniert einlegen. Nur wallen lassen. Die Kochdauer richtet sich nach der Größe und beträgt für ein Fischstück von 200 g ca. 5 Minuten.
- Für die Sauce Zwiebel und Champignons fein schneiden, zart anschwitzen, mit Wermut, Wein und Suppe aufgießen, mit Salz und Pfeffer würzen, etwas Zitronenschale und Kräuter dazugeben, stark einkochen.
- Süßrahm und Crème fraîche zufügen, Sauce köcheln lassen, bis sie sirupartig den Rücken eines Löffels überzieht.
- Mit Curry und Cayennepfeffer würzen, mit ein paar Tropfen Zitronensaft aromatisieren.
- Sauce mit kalter Butter aufmixen, mit frischen Estragonblättchen nachwürzen und garnieren.
- Servieren Sie dieses Fischgericht entweder mit Salz- oder Petersilienkartoffeln oder mit sauber gewaschenen, in der Schale gekochten Minikartoffeln.

LACHS IM GRÜNEN NUDELBETT

Schnell zubereitet und auch ein optischer Genuss

ZUTATEN

Für 4 Personen

ca. 500 g Lachs
Salz, Pfeffer
1 Msp. Knoblauchpulver
1 Bio-Zitrone
1 EL Olivenöl
2 Schalotten
etwas trockener Wermut
oder etwas Weißwein
etwas Süßrahm
1 EL eingelegte Kapern
1 Zweig Thymian
400 g Blattspinat
2 EL Butter
1 Prise geriebene Muskatnuss
1 EL geriebener Parmesan
Bandnudeln nach Bedarf

ZUBEREITUNG

- Portionierte Lachsstücke waschen, mit Küchenpapier abtupfen, mit Salz, Pfeffer und Knoblauchpulver würzen und mit etwas Zitronensaft beträufeln.
- In wenig Olivenöl auf beiden Seiten 1 Minute anbraten, auf einen Teller legen.
- Gehackte Schalotten in der Pfanne anschwitzen, mit Wermut oder Wein ablöschen, etwas verkochen lassen.
- Rahm, Zitronensaft, etwas Thymian und Zitronenschale dazugeben, die gehackten Kapern unterheben. Bei mittlerer Hitze zur sämigen Sauce einkochen lassen.
- Den gut gewaschenen Spinat in einem Topf mit ganz wenig Wasser zusammenfallen lassen, dann gut abtropfen lassen und etwas ausdrücken.
- 1 EL Butter erhitzen, Spinat dazugeben, mit Salz, Pfeffer, Muskatnuss und Parmesan würzen. Nach Geschmack etwas Rahm dazugeben.
- Bandnudeln in Salzwasser al dente kochen, abschrecken, in wenig Butter schwenken.
- Zum Anrichten jeweils eine Portion Bandnudeln auf einer Fleischgabel drehen, bis ein nestartiges Gebilde entsteht. Spinat daneben anrichten, den Fisch darauflegen, mit der Sauce übergießen.

SCHWEINSFILET MIT INNENLEBEN

Eine raffinierte Geschmackskomposition

ZUTATEN

Für 4 Personen
ca. 10 Dörrpflaumen
1 Glas halbtrockener Sherry
ca. 200 g Schweinsfilet
Salz, Pfeffer
etwas Senf
etwas Öl und Butter
etwas Speck
1 Schuss Pflaumensherry
etwas Süß- oder Sauerrahm
evtl. 1 süßsaure Gurke
oder wahlweise einige Kapern

ZUBEREITUNG

- Pflaumen entkernen, in halbtrockenem Sherry über Nacht einweichen, danach abtropfen lassen und klein schneiden.
- Schweinsfilet halbieren, nicht ganz durchschneiden, flach drücken, mit Salz und Pfeffer würzen und mit Senf bestreichen.
- Pflaumen einfüllen, Filet mit einem Faden umwickeln, in wenig Öl-Butter-Gemisch anbraten.
- Zuletzt die ganz fein geschnittenen Speckwürfelchen in die Pfanne geben und zart bräunen.
- Anschließend das Fleisch für ca. 30 Minuten bei 150 °C ins Backrohr stellen.
- Sauce mit Pflaumensherry aufgießen, mit Rahm verfeinern.
- Vor dem Servieren die Filets in schräge Scheiben schneiden.
- Mit einer in kleine Würfel geschnittenen süßsauren Gurke oder durch die Beigabe von einigen Kapern können Sie den Geschmack leicht abwandeln.

HUHN NACH JÄGERART

Ein Rezept mit südfranzösischer Raffinesse

ZUTATEN

Für 4 Personen
1 großes Brathuhn (Poularde)
Salz, Pfeffer
1 Prise Thymian
3 Knoblauchzehen
Olivenöl
½ halbe Bio-Zitrone
1 kl. Zweig Rosmarin
evtl. 1 Schuss Cognac
10 Schalotten
1 EL klein gewürfelter Speck
10 schwarze Oliven mit Kern
1 Dose geschälte Tomaten
1 Lorbeerblatt
2 EL Kapern
½ l Weißwein

ZUBEREITUNG

- Brathuhn in mehrere Teile zerlegen (oder Geflügelteile verwenden), in eine Schüssel geben.
- Mit Salz, Pfeffer und Thymian bestreuen, geschälte Knoblauchzehen und 2 EL Olivenöl dazugeben.
- Zitronenschale darüberreiben, Zitronensaft, Rosmarinzweig und nach Geschmack etwas Cognac dazugeben, alles gut mischen und die Hühnerteile darin mindestens 1 Stunde (oder über Nacht) durchziehen lassen.
- Fleisch in einer großen Pfanne anbraten, daneben die Schalotten und den Speck leicht anlaufen lassen.
- Oliven, Tomaten, Lorbeerblatt, Kapern, Wein und bei Bedarf etwas Wasser dazugeben und bei mittlerer Hitze und geschlossenem Deckel ca. 1 Stunde leicht köcheln lassen.
- Zum Schluss soll das Fleisch zart und die Sauce ganz dick sein.
- Dazu passt frisches Weißbrot und ein Tomatensalat mit viel Zwiebeln und Basilikum.

GESCHNETZELTES UNTER DER HAUBE

Ein ganzes Gericht in einem Topf

ZUTATEN

Für 4 Personen

ca. 600 g Rindfleisch mittlerer Qualität
2 große Zwiebeln
Öl zum Braten
3 Champignons oder andere Pilze
etwas Staudensellerie (oder Knolle)
2 Gewürzgurken
1 EL eingelegte Kapern
etwas Petersilie
1 Msp. Paprika
1 Msp. Knoblauchpulver
Salz, Pfeffer
3 EL Crème fraîche
1 Dose dunkles Bier (Guinness)

Für das Püree

750 g Kartoffeln (mehlig kochend)
1 Tasse Milch
50 g Butter
1 Prise geriebene Muskatnuss
Salz
Brösel
1 EL Parmesan
Schnittlauchröllchen zum Bestreuen

ZUBEREITUNG

- Fein geschnittene Zwiebeln in Öl anschwitzen, geschnetzeltes Fleisch dazugeben und so lange anbraten, bis das Fleisch bräunlich ist.
- Blättrig geschnittene Pilze, klein geschnittene Selleriestangen, Gurken, Kapern und Petersilie dazugeben, Gewürze und Crème fraîche daruntermischen, mit Bier aufgießen, in eine feuerfeste Form geben.
- Im vorgeheizten Backrohr bei 150 °C zugedeckt mindestens 2 Stunden schmoren lassen, bis das Fleisch weich und die Flüssigkeit verdampft ist.
- Inzwischen ein nicht zu festes Kartoffelpüree zubereiten. Über das Fleisch streichen, etwas Brösel und Parmesan darüberstreuen.
- Im vorgeheizten Backrohr bei 220 °C Oberhitze ca. 15 Minuten überbacken.
- Mit Schnittlauchröllchen bestreut servieren.

VARIANTE: SHEPHERD'S PIE

Sie können das Geschnetzelte nach englischer Art auch in einem Teigmantel backen.

- Verwenden Sie dazu den Mürbteig mit Olivenöl und Kräutern von Seite 170 und, falls Sie es mögen, Lammfleisch statt Rindfleisch.
- Eine unten geschlossene Backform mit Teig auskleiden, Rand hochziehen, abgekühltes Fleisch einfüllen und mit einer Teigplatte, die mit versprudeltem Ei bestrichen wird, abschließen. Mit einer Gabel einige Abzugslöcher für den Dampf stechen.

HÜHNERBRUST IN WERMUTSAUCE

Eines der Lieblingsrezepte meiner Freundin Margit

ZUTATEN

Pro Person
1 Hühnerbrust
Salz, Pfeffer
etwas Zitronensaft
1 Knoblauchzehe
etwas Thymian
Öl und Butter zum Braten
1 Msp. Paprikapulver
1 große Tomate
1 Glas Wermut (oder Weißwein)
etwas Süßrahm

ZUBEREITUNG

- Hühnerbrust waschen, mit Küchenpapier trocknen.
- Salzen, pfeffern, mit etwas Zitrone beträufeln, mit gehacktem Knoblauch und Thymian gut einreiben.
- Fleisch in einer feuerfesten Form anbraten, kurz vor dem Aufgießen Paprika darüberstäuben, sofort mit Wasser aufgießen.
- Tomaten häuten, würfeln und dazugeben.
- Im vorgeheizten Backrohr bei 150 °C ca. 30 Minuten braten, ab und zu mit Bratfond übergießen.
- Zur halben Garzeit zuerst den Wermut, später dann den Rahm zugießen und evtl. nachwürzen.

TEUFELSHUHN

Eine köstlich scharfe Variante

ZUTATEN

1 Hühnerbrust
Salz, Pfeffer
Salbei, Rosmarin, Thymian, Oregano (getrocknet)
1–2 Peperoncini (Schärfe nach Geschmack)
2 Knoblauchzehen
1 Bio-Zitrone
1 EL klein gewürfelter Speck
1 EL Olivenöl

ZUBEREITUNG

- Trockene Kräuter zwischen den Handflächen verreiben, getrocknete Peperoncini fein aufschneiden. Sofort Hände gründlich waschen!
- Knoblauch hacken, mit Zitronensaft und -schale, Pfeffer, Peperoncini, Kräutern, Speckwürfeln und Olivenöl verrühren, Hühnerteile damit einreiben. Mindestens 2 Stunden (besser 1 Tag) marinieren.
- In eine feuerfeste Form geben und im vorgeheizten Backrohr bei 180 °C ca. 45 Minuten braten.
- Nach der halben Garzeit einige ganze Kräuterzweige darüberlegen, öfter mit Bratfond übergießen.

VITELLO TONNATO

Bestens geeignet für ein kaltes Buffet

ZUTATEN

Für 4 Personen

600 g Kalbsnuss
1 l Wasser
1/8 l Weißwein (spritzig)
1 Zwiebel, 3 Nelken
¼ Sellerie, 1 Karotte
1 Stängel Petersilie
1 kl. Zweig Rosmarin
1 Lorbeerblatt
10 Pfefferkörner
2 Wacholderkörner
1 Msp. Neugewürz
etwas Salz

Für die Sauce

2 Eidotter
4 EL Olivenöl
1 KL Senf
2–3 EL Kapern
1 kl. Dose Thunfisch
2 Sardellenfilets
Salz, Pfeffer, 1 Prise Zucker
etwas vom Fleischsud
1 Bio-Zitrone
einige Kirschtomaten

ZUBEREITUNG

- Marinade aus 1 l Wasser, Wein, mit Nelken gespickter Zwiebel, Gemüse, Kräutern und Gewürzen aufkochen und erkalten lassen.
- Fleisch in eine hohe Glas- oder Porzellanschüssel geben, erkaltete Marinade darübergießen und 1 Tag marinieren lassen.
- Die Marinade ohne Fleisch zum Kochen bringen, erst dann das Fleisch dazugeben, leicht salzen.
- Gut 1 Stunde köcheln lassen und anschließend im Fleischsud wieder ganz abkühlen lassen.
- Aus Eidotter, Olivenöl und Senf eine Mayonnaise rühren, restliche Zutaten mit dem Pürierstab fein pürieren und dazugeben, evtl. mit etwas Fleischsud verdünnen. Durchziehen lassen und nochmals abschmecken.
- Vor dem Servieren das Fleisch in möglichst dünne Scheiben schneiden und mit Sauce überziehen.
- Mit Zitronenscheiben, einigen Kapern mit Stiel, Thunfischstückchen und Kirschtomaten garnieren.
- Den Fleischsud keinesfalls wegschütten! Entweder in Joghurtbechern tiefkühlen und zum Aufgießen von Fleischgerichten oder für das köstliche Risotto von Seite 86 verwenden.

SALTIMBOCCA ALLA ROMANA

Das berühmte „Spring in den Mund"-Schnitzel

ZUTATEN

Pro Person

2 kl. Schnitzelstücke, dünn geschnitten
Salz, frisch gemahlener Pfeffer
2 Scheiben Rohschinken (Prosciutto)
einige starke Zahnstocher
etwas Mehl
etwas Olivenöl und Butter
etwas trockener Weißwein und/oder Suppe
ein Hauch Paprikapulver
1 Msp. Knoblauchpulver
3 frische Salbeiblättchen
Zitronenschale

ZUBEREITUNG

- Original wird dieses Gericht aus Kalbfleisch zubereitet. Ich verwende dazu die wesentlich preiswerteren Putenschnitzel, die ziemlich ähnlich schmecken.
- Schnitzel vorsichtig klopfen, kaum salzen, da der Schinken salzig ist, mit frisch gemahlenem Pfeffer bestreuen.
- Jedes Schnitzel mit einer hauchdünnen Scheibe Rohschinken belegen, Fleisch zusammenklappen, Tasche mit einem Zahnstocher befestigen.
- Unterseite in wenig Mehl tauchen, in einer Pfanne in Öl-Butter-Gemisch auf beiden Seiten anbraten.
- Mit Weißwein und Suppe aufgießen, würzen, ca. 8 Minuten ganz leicht köcheln lassen.
- Salbeiblättchen und Zitronenschale einige Minuten mitziehen lassen, dann entfernen. Wer nicht auf die Linie schauen muss, kann mit dem Schneebesen ein Stückchen tiefgekühlte Butter in die Sauce einrühren. Sofort anrichten.
- Original serviert man in Italien zu diesem Gericht Spaghetti oder Fettuccine (Bandnudeln). Hausgemachte schmecken besonders gut.

Mein Tipp

Auf einem möglichst trockenen Gartenplatz, aber auch in einem großen Topf mit magerer, steiniger Erde kann der als Würz- und Heilkraut verwendete Salbei problemlos gedeihen. Er ist winterhart und meistens auch wintergrün. Für den sehr wirkungsvollen Halsweh-Tee verwendet man getrocknete, zum Kochen frische Blätter. Das Aroma ist etwas unterschiedlich. Salbei wird in Italien häufig auch zu Kartoffelgerichten verwendet, meistens als Salbeibutter, für die man Salbeiblättchen in zerlassener Butter etwas ziehen lässt.

TOSKANISCHER SCHWEINEBRATEN

Besonders „g'schmackig"

ZUTATEN

Für 4 Personen
1 kg Schweinsschopf (flach geschnitten)
im Original Bauchfleisch
etwas Olivenöl
2 Knoblauchzehen, fein geschnitten
1 KL Senf
2 EL gehacktes Basilikum
Salz, Pfeffer
1 KL getrockneter Oregano
1 KL Fenchelsamen
Schnur zum Binden
1 Zweig Rosmarin

ZUBEREITUNG

- Fleisch flach auflegen, es sollte mindestens 40 cm breit sein, damit man es rollen kann.
- Mit einer Paste aus Olivenöl, Knoblauch, Senf und Basilikum bestreichen, salzen und pfeffern, mit Oregano und Fenchelsamen bestreuen.
- Einrollen und die Rolle mit Spagat fixieren.
- Außen nachwürzen, mit Olivenöl einreiben, den Rosmarin darauflegen und in einem ofenfesten Topf zuerst rundum scharf anbraten, dann bei ca. 120 °C (also bei schwacher Hitze) ca. 2 Stunden ins Backrohr stellen, bis das Fleisch gar ist.
- Etwa 30 Minuten vor Ende der Garzeit kann man klein geschnittene Kartoffeln dazugeben und im Saft braten, bis sie knusprig sind.
- Während der letzten 10 Minuten Backrohr auf 220 °C schalten, damit das Fleisch und die Kartoffeln knusprig werden.

Mein Tipp

Trocknen Sie von Würzkräutern wie Thymian oder Oregano immer auch ein paar ganze Zweige, da die erwünschten aromatischen Öle auch in den Stängeln sitzen.
Zum Lagern müssen Kräuter rascheltrocken sein, damit sich kein Schimmelpilz ansiedeln kann. In einem hohen Schraubglas lichtgeschützt und trocken bis zur nächsten Ernte aufbewahren.

GEFÜLLTE KALBSBRUST

Ein wunderbares Festtagsessen für mehrere Gäste

ZUTATEN

Für die Fülle
siehe Gebratene Pilzknödel Seite 93

1 Kalbsbrust
(Größe nach Personenzahl)
Salz, Pfeffer
1 Msp. Paprika
etwas Öl und Butter
etwas Suppe
1 EL Mehl zum Binden

ZUBEREITUNG

- Zuerst die Fülle zubereiten wie auf Seite 93 beschrieben. Sie kann ohne Weiteres bereits am Vortag zubereitet und im Kühlschrank aufbewahrt werden. In diesem Fall aber die Pilze weglassen, evtl. erst kurz vor dem Füllen dazumischen.
- Kalbsbrust waschen, mit Küchenpapier gut abtrocknen, mit Salz, Pfeffer und etwas Paprika würzen. Gewürze innen und außen gut einreiben. Fülle in die ausgegriffene Tasche streichen, nicht zu prall füllen, da sie aufgeht und das Fleisch durch den Druck reißen könnte.
- Öffnung mit dickem Faden vernähen.
- Kalbsbrust mit Öl-Butter-Mischung bestreichen und im Backrohr bei 150 °C unter öfterem Begießen je nach Größe 2–3 Stunden braten.
- Am Knochen kontrollieren, ob noch blutiger Saft ausläuft. Ist der Saft klar, ist das Fleisch gar.
- Mehl mit wenig kaltem Wasser anrühren und den Bratensaft damit etwas andicken.
- Dazu passt in Butter geschwenktes Gemüse und als zweite Beilage Reis.

Mein Tipp

Eine zum Füllen geeignete Kalbsbrust bekommen Sie auf Vorbestellung beim Metzger. Er berät Sie auch bezüglich der benötigten Menge. Unter 1 kg Mindestgewicht lässt sich keine zum Füllen geeignete Tasche „ausgreifen". Es handelt sich also immer um ein Gericht für eine größere Personenanzahl und aufgrund des Preises eher um ein Festtagsessen. Verlangen Sie die Kalbsbrust unbedingt „ausgelöst", das heißt, dass die Knochen vom Metzger so eingehackt werden, dass sie nach dem Braten leicht entfernt werden können.

Risotto, Risotto, Risotto

EINE UNENDLICHE GESCHICHTE

RISOTTO-GEMÜSEBRÜHE

Die Basis für ein gelungenes Risotto

ZUTATEN

1 Porreestange
2 Karotten
1 Fenchel
einige Tomaten
Petersilienwurzel
1 Bund Petersilie
Sellerielaub
und/oder Sellerieknolle
3 Knoblauchzehen
etwas Maggikraut
2 frische Lorbeerblätter
2 Zweige Thymian
etwas Olivenöl
und Butter

ZUBEREITUNG

- Mit diesem Gemüsesud schmeckt jedes Risotto einfach besser. Sie können diesen vegetarischen Gemüsesud auch zum Aufgießen von Fleischgerichten oder als Ersatz für eine Fleischsuppe verwenden. In Joghurtbecher abgefüllt und tiefgekühlt steht er jederzeit in der benötigten Menge zur Verfügung.
- Gemüse grob zerkleinern. Wurzelgemüse und Kräuter in einem großen Topf in heißem Öl-Butter-Gemisch anrösten, mit ca. 3 l Wasser zum Kochen bringen, zugedeckt 1–2 Stunden köcheln lassen.
- Durch ein Sieb abgießen. Gemüse pürieren, das sich noch gut für eine Kartoffelsuppe verwenden lässt.
- Um Platz in der Tiefkühltruhe zu sparen, lässt man den Sud stark einkochen, zur Verwendung dann wieder etwas verdünnen.

DER ODER DAS RISOTTO?

Laut Duden sind beide Artikel zulässig, in Österreich ist ein Risotto eher eine sächliche, durchaus aber keine nebensächliche Angelegenheit. Hauptsache, es schmeckt, würde ich meinen!

SPARGEL-RISOTTO

Grün oder weiß – immer ein Frühlingsgenuss

ZUTATEN

Für 2 Personen
500 g Spargel
(weiß, grün oder gemischt)
ca. 6 Tassen Spargelkochwasser
oder Gemüsebrühe
2 EL Butter
1 Zwiebel
2–3 Tassen Risotto-Reis
1 Glas Weißwein
Salz, Pfeffer
1 Prise geriebene Muskatnuss
Parmesan und
Schnittlauchröllchen zum
Bestreuen

ZUBEREITUNG

- Spargel sauber waschen, da aus den Schalen der Kochsud bereitet wird.
- Weißen Spargel schälen, grünen kann man ungeschält verwenden. Für dieses Gericht können Sie den preiswerten Bruchspargel verwenden.
- Spargel in 2 cm breite, schräge Stücke schneiden, den unteren holzigen Teil nicht verwenden.
- Schalen und holzige Teile in wenig Wasser 10 Minuten kochen lassen, abgießen,
- Kochwasser zum Aufgießen verwenden.
- Spargelstücke in Butter anschwitzen, nach einigen Minuten die gehackte Zwiebel dazugeben und etwas mitrösten.
- Den ungewaschenen Reis dazugeben, kurz mitrösten, mit Wein und Spargelkochwasser aufgießen, würzen.
- Öfter gründlich durchrühren, zuletzt etwas Parmesan unterziehen und mit Parmesan und Schnittlauchröllchen bestreut servieren.
- Zur gefälligen Dekoration einige Spargelspitzen zurückbehalten.

KASTANIEN-PORREE-RISOTTO

Ein herbstlicher Genuss

ZUTATEN

Für 2 Personen
300 g gebratene Kastanien
6 Tassen Gemüsebrühe (von Seite 74)
1 kl. Zwiebel
1 kl. Porreestange
1 EL Butter
½ rote Paprikaschote
3 Tassen Risotto-Reis
1 Glas Weißwein oder Wermut
⅛ l Süßrahm
1 Msp. Paprika
1 Prise geriebene Muskatnuss
Salz, Pfeffer
1 cm Zimtrinde
1 EL Kapern
je ein EL Petersilie und Basilikum, fein geschnitten

ZUBEREITUNG

- Man verwendet dazu gebratene, geschälte Kastanien, die man auf Vorrat einfrieren kann, da die Kastaniensaison bekanntlich nur kurz ist. Sie können aber auch vakuumverpackte Kastanien verwenden.
- Kastanien im Gemüsesud ca. 10 Minuten köcheln lassen, abseien, abkühlen lassen und dann fein aufschneiden.
- Zwiebel fein schneiden, Porree halbieren, gut waschen, in hauchdünne Scheiben schneiden, mit gehackter Zwiebel in wenig Butter anlaufen lassen. Reis dazugeben und glasig werden lassen.
- Rote Paprikaschote kleinwürfelig schneiden, kurz mitrösten, Reis mit etwas Weißwein oder Wermut aufgießen.
- Nach und nach Gemüsebrühe dazugeben, zuletzt den Rahm hinzufügen, immer gut durchrühren.
- Würzen, die Zimtrinde nur kurz im Risotto ziehen lassen, dann wieder herausnehmen.
- Die halbierten Kapern, Petersilie und Basilikum unterziehen, ca. 10 Minuten warm stellen, damit sich der Geschmack voll entwickeln kann.
- Als Ergänzung würde ich einen Vogerlsalat mit einer darübergeraspelten Karotte und kleinen roten Paprikawürfelchen servieren, da das Kastanien-Porree-Risotto einen farbenfrohen Salat gut verträgt.

KÜRBIS-RISOTTO VOM FEINSTEN

Nach einem Gaumenerlebnis kreiert

ZUTATEN

Für 2–3 Personen
4 Tassen Kürbisfleisch
etwas Olivenöl
3 Tassen Gemüsebrühe
1 kl. Zwiebel
1 Knoblauchzehe
2–3 Tassen Risotto-Reis
1 Tasse Weißwein
Salz, Pfeffer
1 Msp. Paprikapulver
1 kl. Stück Zimtrinde
1 Nelke
1 cm Zitronenschale
1 cm getrockneter Peperoncino
je 1 EL Petersilie
und Basilikum,
fein geschnitten
1/8 l Süßrahm
1 EL Kürbiskernöl
Parmesanspäne
2 EL geröstete Kürbiskerne

ZUBEREITUNG

- Kürbisfleisch würfelig schneiden, in Öl und wenig Wasser in einer Pfanne anrösten, bis es halbweich ist. Bevor der Kürbis Farbe annimmt, die Hälfte davon beiseitestellen.
- Rest mit wenig Gemüsebrühe (Wasser) aufgießen, ganz weich kochen.
- Abgießen, Kochwasser auffangen, Kürbisstücke mit dem Stabmixer pürieren.
- Gehackte Zwiebel und Knoblauch in einem großen Topf anschwitzen, den ungewaschenen Risotto-Reis dazugeben, einige Male durchrühren.
- Mit Weißwein, Kürbiskochwasser und etwas Gemüsebrühe aufgießen, ca. 1 Minute sprudelnd kochen. Platte ausschalten, Reis zugedeckt dünsten.
- Nach 10 Minuten passierte Kürbismasse dazugeben, würzen.
- Kurz vor dem Garwerden Zimtrinde, Nelke, Zitronenschale sowie Peperoncino entfernen, Kürbisstücke, Petersilie, Basilikum und so viel Süßrahm unterziehen, dass das Risotto leicht cremig ist. Etwas durchziehen lassen.
- Mit einigen Spritzern Kürbiskernöl, Parmesanspänen und angerösteten Kürbiskernen garnieren.

RADICCHIO-RISOTTO

Eine berühmte Winterspezialität aus dem Veneto

ZUTATEN

Für 4 Personen
300 g Radicchio rosso di Treviso
5–6 Tassen bester Risotto-Reis
1 EL Butter
2 EL Olivenöl
1 kl. Zwiebel
1 Knoblauchzehe
¼ l Milch
1 Msp. Paprikapulver
ein Hauch Muskatnuss
abgeriebene Zitronenschale
Salz, Pfeffer
Gemüsebrühe (von Seite 74)
evtl. 1 Glas Weißwein
⅛ l Rahm
Parmesan
evtl. einige Scheiben Prosciutto.

ZUBEREITUNG

- Butter und Öl in einem eher flachen Kochtopf erhitzen, fein gehackte Zwiebel darin gelblich andünsten, fein geschnittenen Knoblauch dazugeben, dann den in feine Streifen geschnittenen Radicchio.
- Gemüse so lange dünsten, bis es die lila Farbe verloren hat und bräunlich wird.
- Den ungewaschenen Reis dazugeben, einige Male durchrühren, mit der Milch ablöschen, da sie das bittere Aroma des Radicchio etwas mildert.
- Gewürze hinzufügen.
- Nach und nach unter ständigem Rühren so viel Brühe und ggf. Weißwein dazugießen, wie der Reis benötigt.
- Nach ca. 20 Minuten, wenn der Reis al dente gekocht ist, Rahm und geriebenen Parmesan unterrühren und nochmals abschmecken.
- Nach Gusto kann man einige gegrillte Scheiben Rohschinken (Prosciutto) dazu servieren, der geschmacklich hervorragend zum Radicchio passt.
- Ein Vogerl- oder Rucolasalat würde das Gericht hervorragend ergänzen.

ARTISCHOCKEN-RISOTTO

Aus der italienischen Gourmetküche

ZUTATEN

Für 4 Personen

6–10 sehr junge, frische Artischocken
1 Zitrone
1 Zwiebel oder 4 Schalotten
50 g Butter
1 EL Olivenöl
4 Tassen Risotto-Reis
ca. 1 l Gemüsebrühe (von S. 74)
1 Glas herber Weißwein
etwas Knoblauchpulver
1 Prise geriebene Muskatnuss
Salz, Pfeffer
½ rote Paprikaschote
und einige in Öl eingelegte Artischocken zum Garnieren

ZUBEREITUNG

- Artischocken putzen, vierteln, Heu aus der Mitte entfernen, in Zitronenwasser legen.
- Verwenden Sie nur die zarten Böden und für den intensiveren Geschmack pro Person 1 Artischocke mit Blattansatz.
- Die fein geschnittene Zwiebel oder Schalotten in Butter und Öl kurz anschwitzen, Artischockenböden dazugeben, anrösten, bis sie eine zarte Farbe bekommen.
- Reis dazugeben, gut verrühren, bis alle Körner von einem Fettfilm überzogen sind. Mit heißer Gemüsebrühe und Wein aufgießen, würzen.
- Immer fest rühren, nach und nach so viel Flüssigkeit dazugeben, wie der Reis verlangt. Er soll immer rinnen.
- Wenn der Reis weich ist, aber immer noch Biss hat, die eingelegten, klein geschnittenen Artischocken (Öl vorher abtupfen) unterheben, danach den geriebenen Parmesan und die Butter dazugeben, 2 Minuten durchziehen lassen.
- Mit Parmesan und kleinen Paprikawürfeln überstreut servieren.

FENCHEL-RISOTTO IN KÄSESAUCE

Schmeckt mir ganz besonders gut

ZUTATEN

Für 2 Personen

1 große Fenchelknolle mit viel Grün
1 Zwiebel oder 3 Schalotten
3 EL Butter
1 EL Olivenöl
2–3 Tassen Risotto-Reis
etwas Zitronenschale
1 Glas Weißwein
Gemüsebrühe
1 Msp. Paprika
1 Msp. Knoblauchpulver
1 Prise geriebene Muskatnuss
Salz, Pfeffer
1/8 l Süßrahm
1 Ecke Rahmstreichkäse
3 EL Parmesan

ZUBEREITUNG

- Achten Sie beim Kauf des Fenchels darauf, dass er knackig frisch ist und viel zartes Grün aufweist.
- Fenchel waschen und putzen, Strunk und harte Teile abschneiden.
- Grün vorerst beiseitelegen, Knolle fein aufschneiden.
- Zwiebel oder Schalotten fein würfeln, in einem hohen Topf in heißer Butter-Öl-Mischung leicht anschwitzen lassen.
- Ungewaschenen Reis dazugeben, gut verrühren, dann Fenchel und abgeriebene Zitronenschale dazugeben, kurz mitrösten.
- Nach und nach mit Weißwein und Gemüsebrühe aufgießen, würzen.
- Zuerst bei kleiner Hitze ca. 25 Minuten, dann bei ausgeschalteter Platte langsam köcheln lassen, mehrmals gründlich umrühren.
- Zuletzt Rahm, Streichkäse, Parmesan und das klein geschnittene Fenchelgrün unterziehen.
- Nachwürzen, einige Minuten zugedeckt durchziehen lassen.
- Etwas Parmesan und nach Geschmack etwas groben Pfeffer darüberreiben, mit einem Rest Fenchelgrün garniert servieren.

Kochen vor Ultimo

MIT WENIG GELD UND TROTZDEM GUT

RABIATE NUDELN – PENNE ALL'ARRABIATA

Die Schärfe haben Sie selbst im Griff

ZUTATEN

Für 2 Personen
ca. 200 g Penne
Salz

Für die Sauce
1 Zwiebel
1–2 Knoblauchzehen
etwas Olivenöl und Butter
1 EL klein gewürfelter Speck
1–2 getrocknete Peperoncini
4–5 Tomaten
1 Prise Zucker
etwas Zitronenschale
1 frisches Lorbeerblatt
Salz, Pfeffer
je 1 EL Petersilie und Basilikum, fein geschnitten
Parmesan

ZUBEREITUNG

- Zwiebel und Knoblauchzehen fein schneiden, in wenig Öl-Butter-Gemisch anschwitzen, klein gewürfelten Speck und klein gehackte Peperoncini dazugeben, etwas anbräunen.
- Die frischen Tomaten häuten (vorher einige Sekunden in kochendes Wasser geben, dann kalt abschrecken), in kleine Würfel schneiden.
- In einer eigenen Pfanne in wenig Olivenöl braten, bis sie zart bräunlich werden, dann mit der scharfen Peperoncini-Zwiebel-Masse mischen.
- Würzen, mit ein paar Tropfen Wasser (od. Suppe) aufgießen und verkochen lassen. Petersilie und Basilikum in die dick gewordene Sauce einrühren.
- In der Zwischenzeit Penne in reichlich Salzwasser al dente kochen.
- Abgießen und zur Sauce geben, einige Minuten durchziehen lassen.
- Auf vorgewärmten Tellern anrichten und mit geriebenem Parmesan bestreuen.
- Je nach gewünschter Schärfe können Sie die Peperoncini klein gehackt in der Sauce schmoren oder aber nur etwas durchziehen lassen und dann wieder entfernen.
- Als Variation kann man Oliven, in Öl eingelegte, getrocknete Tomaten oder die Kräutertomaten von Seite 41 in der Sauce mitschmoren lassen.

GEBRATENE KARTOFFELNUDELN

Die Leibspeise meiner Tochter Julia ist erfreulich preiswert

ZUTATEN

Für 3–4 Personen
1 kg Kartoffeln
Salz
1 Msp. Muskatnuss
1 Ei
1 EL Butter
4 leicht geh. EL Mehl
reichlich Öl
zum Herausbacken

ZUBEREITUNG

- Ganze Kartoffeln weich kochen, schälen, durch die Kartoffelpresse drücken, sofort weiterverarbeiten.
- Mit Salz und Muskatnuss würzen, mit dem Ei, zerlassener Butter und so viel Mehl verkneten, dass ein lockerer Teig entsteht. Den Teig dabei nie drücken, er muss ganz flaumig bleiben.
- Teig zur Rolle formen, Stücke abschneiden, mit mehligen Händen zuerst zu Kugeln und dann zu fingerdicken Nudeln formen.
- Zuletzt mit nassen Händen die Nudeln noch einmal glätten, dann werden sie besonders knusprig.
- So viele Nudeln in eine Pfanne mit fingerhoch heißem Öl legen, dass man sie mithilfe von 2 Gabeln oder einer Schmarrenschaufel noch gut bewegen kann.
- Nicht zu früh umdrehen, erst wenn sie Farbe angenommen haben, sonst zerfallen sie.
- Von allen Seiten braun braten, auf Küchenpapier abtropfen lassen und mit Sauerkraut, mit oder ohne Rollschinken, servieren.

Mein Tipp

Bereiten Sie auch für einen kleinen Haushalt die Menge für 4 Personen zu, die Kartoffelnudeln lassen sich ohne Geschmacksverlust vor dem Backen einfrieren.
Einzeln auf eine bemehlte, flache Unterlage legen, gefroren platzsparend verpacken. Zur weiteren Verwendung nur antauen, vorsichtig ins nicht zu heiße Fett gleiten lassen, da es am Anfang etwas spritzen kann.

BÄRLAUCHSCHLUTZER

Preiswert und weniger Arbeit, als man denkt

ZUTATEN

Kartoffelteig aus
500 g Kartoffeln
120 g Mehl
1 Ei, 1 Eidotter
1 EL flüssige Butter
1 Msp. Muskatnuss
Salz, Pfeffer

Für die Fülle

1 kl. Zwiebel
Butter
150 g Mascarpone
100 g geriebener Bergkäse
2 EL Bärlauch-Pesto
oder frischer Bärlauch
Salz, Pfeffer
1 Eiweiß zum Bestreichen

Für das Bärlauch-Pesto

100 g Pinienkerne
3–4 Handvoll Bärlauch
Petersilie, Basilikum
1 EL Honig
ca. 1/8 l bestes Olivenöl
3–4 EL Parmesan
Salz, Pfeffer

ZUBEREITUNG

- Mehlige Kartoffeln in der Schale kochen, im Frühling unbedingt „alte" Kartoffeln vom letzten Herbst verwenden.
- Schälen, durch die Kartoffelpresse drücken, mit den Zutaten locker zu einem Teig kneten, 1 Stunde rasten lassen.
- Für die Fülle Zwiebel in Butter anschwitzen, abkühlen lassen, die übrigen Zutaten daruntermischen.
- Teig dünn ausrollen, Kreise von 8 cm ausstechen, Fülle darauf gleichmäßig verteilen, die Teigringe rundum mit Eiweiß bestreichen, zum Halbmond zusammenklappen und festdrücken.
- In leicht kochendem Salzwasser 3–4 Minuten ziehen lassen. Mit Parmesan und brauner Butter oder mit Bärlauch-Pesto servieren.
- Für das Bärlauch-Pesto Pinienkerne ohne Fett in einer Pfanne ganz zart anrösten und in einen hohen Mixbecher geben.
- Kräuter fein hacken, zusammen mit dem Honig, Öl und Parmesan zu den Pinienkernen geben, mit Salz und Pfeffer würzen und alles zu einer homogenen Paste mixen.
- In ein Schraubglas geben, unbedingt einige Stunden durchziehen lassen.

Mein Tipp

Das Pesto hält sich mit Öl bedeckt einige Tage im Kühlschrank und eignet sich auch wunderbar als Sugo zu Spaghetti oder mit Bröseln vermischt als Kräuterkruste z. B. über einem Lammfilet. Statt mit Bärlauch kann das Pesto auch klassisch mit einem größeren Anteil an Basilikum zubereitet werden.

SPARGEL-KRÄUTER-NUDELN

Auch eine elegante Resteverwertung

ZUTATEN

Für 2 Personen
500 g Bruchspargel
1 EL Butter
⅛ l Süßrahm
1 Msp. Knoblauchpulver
etwas Paprika
1 Msp. Würze
½ KL Zucker
Salz, Pfeffer
je 1 EL Schnittlauch
Petersilie und Bärlauch,
fein geschnitten
evtl. Schinken oder Speck
1–2 EL Crème fraîche
mit Kräutern
ca. 300 g Nudeln (Penne,
Bandnudeln)
Parmesan zum Bestreuen

ZUBEREITUNG

- Spargel schälen, in 2 cm breite schräge Stücke schneiden, in gut 1 EL Butter in einer Pfanne bei geringer Hitze unter mehrmaligem Wenden zugedeckt so lange braten, bis der Spargel zart gelblich wird.
- Mit Süßrahm aufgießen, Gewürze hinzufügen, 5 Minuten köcheln lassen, bis der Rahm eindickt.
- Schnittlauch, Petersilie und Bärlauch dazugeben, nach Geschmack auch einige in Butter gebratene Speck- oder Schinkenwürfel. Zuletzt etwas Crème fraîche unterziehen.
- In der Zwischenzeit Nudeln in Salzwasser al dente kochen, abgießen und dazugeben. Es lassen sich aber auch Nudeln vom Vortag gut verwerten.
- Nudeln unter die Sauce mischen und einige Minuten durchziehen lassen. Abschmecken und mit frisch geriebenem Parmesan bestreut servieren.

VITELLO-TONNATO-RISOTTO

Spartipp nach einem aufwendigen Vitello-tonnato-Essen

ZUTATEN

Pro Person

1–2 Tassen Risotto-Reis
1 EL Butter
1 EL Olivenöl
1 EL fein gehackte Zwiebel
reichlich Fleischsud
vom Vitello tonnato von Seite 69
etwas trockener Weißwein
frisch geriebener Parmesan
Salz, Pfeffer
Schnittlauchröllchen zum
Bestreuen

ZUBEREITUNG

- In einem Topf mit dickem Boden wenig Butter in Olivenöl zergehen lassen, die Zwiebel darin hellgelb anrösten, den Reis dazugeben und kurz mitrösten.
- Mit dem Vitello-tonnato-Kochsud und etwas Weißwein aufgießen und verkochen lassen, immer wieder etwas Flüssigkeit dazugeben.
- Das Risotto bei sehr kleiner Hitze köcheln lassen, die Platte zwischendurch öfter mal abdrehen. Risotto mehrmals umrühren.
- Wenn der Reis al dente gekocht ist, sollte er leicht cremig sein.
- Etwas Butter und frisch geriebenen Parmesan unterrühren und einige Minuten durchziehen lassen.
- Allein durch den Fleischsud wird das Risotto schon sehr würzig, daher mit Salz und Pfeffer sparsam sein.
- Falls auch noch etwas Fleisch vom Vitello tonnato übrig geblieben sein sollte, das Fleisch klein würfelig schneiden und kurz vor dem Servieren unter das Risotto mengen.
- Mit Schnittlauchröllchen und Parmesan bestreut servieren.

SPAGHETTI MIT TOMATEN-KAPERN-SAUCE

Wenn es in der Küche blitzschnell gehen muss

ZUTATEN

Spaghetti nach Bedarf
pro Person
ca. 8 Kirschtomaten
1 EL Speckwürfel
etwas Olivenöl und Butter
1 Knoblauchzehe
1 EL Kapern
etwas Rahm
Salz, Pfeffer
je 1 EL Petersilie und Basilikum
Parmesan zum Bestreuen

ZUBEREITUNG

- Bei diesem einfachen Nudelgericht schmeckt man deutlich die Spaghetti-Qualität. Hier also nach Möglichkeit nicht sparen.
- Spaghetti in der benötigten Menge al dente kochen.
- Inzwischen pro Person ca. 8 Kirschtomaten halbieren, mit etwas Speck in wenig Öl-Butter-Gemisch anschwitzen.
- Die fein geschnittene Knoblauchzehe kurz miträsten, die abgetropften Kapern dazugeben und mit wenig Rahm aufgießen, mit Salz und viel frisch geriebenem Pfeffer würzen.
- Fein geschnittene Petersilie und Basilikum unterziehen, etwas rasten lassen, damit sich das Kräuteraroma entwickeln kann.
- Abgetropfte Nudeln untermischen, einige Minuten ziehen lassen.
- Mit Parmesan bestreut servieren.

KARTOFFELGULASCH

Ein klassisches Großfamilien-Rezept zum Monatsende

ZUTATEN

Für ca. 4 Personen

pro Person
½ Landjäger oder harte Wurst
2–3 mittelgroße Kartoffeln (festkochend)
3 große Zwiebeln
2–3 Knoblauchzehen
etwas Öl
1 Tasse klein geschnittener Speck
3 EL Rosenpaprikapulver
1 Msp. scharfer Paprika
1 EL Essig
ca. ¾ l Suppe
1 Karotte
etwas Sauerrahm
1 KL Mehl
2 EL Tomatenmark oder Ketchup
½ KL gemahlener Kümmel
½ KL getrockneter Majoran
1–2 Lorbeerblätter
etwas abgeriebene Zitronenschale
evtl. 1 Peperoncino (macht scharf!)
Salz, Pfeffer

ZUBEREITUNG

- Zwiebeln und Knoblauch schälen, fein aufschneiden.
- Wurst enthäuten und in kleine Stücke schneiden.
- Kartoffeln schälen, vorerst in kaltes Wasser legen.
- In einem großen Topf Zwiebeln in heißem Öl gelblich anbraten, Knoblauch dazugeben, danach Speck und Wurst und alles kurz durchrösten.
- Mit Paprikapulver bestäuben, einmal durchschwitzen, vom Herd ziehen und mit 1 EL Essig ablöschen, mit Suppe aufgießen.
- Kartoffeln in ca. 3–4 cm große Würfel, Karotte kleiner schneiden, dazugeben.
- Gewürze hinzufügen, ca. 25–30 Minuten leicht köcheln lassen. Die Kartoffeln nicht zerkochen!
- Sauerrahm mit Mehl gut verrühren und 5 Minuten vor Ende der Garzeit dazugeben, dadurch wird das Kartoffelgulasch sämig.
- Mindestens 10 Minuten rasten lassen und dann kurz vor dem Servieren noch einmal vorsichtig erhitzen.
- Das Kartoffelgulasch kann leider nicht tiefgekühlt werden und sollte möglichst sofort gegessen werden, da sich der Geschmack von Stunde zu Stunde verändert.

RUDIS REISFLEISCH

Die Tiroler Alternative zum Risotto

ZUTATEN

Für 2 Personen
2–3 Tassen Mittelkornreis
2–3 mittelgroße Zwiebeln
2 Knoblauchzehen
etwas Öl
ca. 300 g Fleisch
(Schweineschulter oder Pute)
1 EL Speck
1–2 EL Paprikapulver,
edelsüß
1 Spritzer Essig
etwas Wasser oder Suppe
etwas Majoran,
Kümmel und Fondor
1 EL Tomatenmark
½ Peperoncino
Salz, Pfeffer
Parmesan und
Petersilie zum Bestreuen

ZUBEREITUNG

- Rudi, ein Malschüler meines Mannes, schwingt nicht nur mit Talent den Pinsel, sondern kocht auch mit viel Liebe und Leidenschaft und tauscht auch gern mit mir Rezepte aus.
- In einem Topf den Reis halb gar kochen wie auf Seite 163 beschrieben.
- Zwiebeln klein würfelig schneiden, Knoblauchzehen fein hacken und in einem großen Topf in wenig Öl anschwitzen.
- Das in ca. 3 cm große Würfel geschnittene Fleisch und den klein gewürfelten Speck dazugeben und von allen Seiten kräftig anbraten.
- Paprikapulver darüberstäuben, einmal durchrösten, einen Spritzer Essig dazugeben und mit Wasser oder Suppe ablöschen.
- Gewürze hinzufügen und das Fleisch bei kleiner Hitze ca. 30 Minuten köcheln lassen (Pute etwas weniger lang).
- Evtl. etwas aufgießen, es soll reichlich sämige Sauce vorhanden sein.
- Dann den gekochten Reis dazugeben und vorsichtig unterheben, ca. 10 Minuten ausdünsten lassen.
- Mit Parmesan und Petersilie bestreut servieren.

APFEL-TOPFEN-SCHMARREN

Eine schnelle und ausgiebige Nachspeise

ZUTATEN

Für 2–3 Personen

4 gehäufte EL Mehl
ca. 1/4 l Milch
(je nach Eiergröße)
ca. 100 g Topfen
3 Eier
1 Prise Salz
4 saure Äpfel
etwas Zitronensaft
evtl. 1 Spritzer Rum
1 EL Butter
1 EL Öl
3 EL Zucker
Staubzucker zum Bestreuen
eventuell Apfelmus

ZUBEREITUNG

- Mehl, Milch, Topfen, Eidotter, Salz zu einem glatten Teig verrühren, kurz stehen lassen.
- Inzwischen Äpfel schälen, in dünne Scheibchen schneiden. Mit Zitronensaft und nach Geschmack mit einem Spritzer Rum (oder Likör) aromatisieren.
- Butter und Öl in einer Pfanne erhitzen, 2 EL Zucker karamellisieren lassen, Apfelscheiben portionsweise darin andünsten.
- Eiweiß steif schlagen, restlichen Zucker einschlagen.
- Eischnee unter den Teig heben, Teig portionsweise über die angebratenen Äpfel gießen.
- Deckel auflegen und bei ganz wenig Hitze den Teig stocken lassen.
- Wenn die Unterseite goldbraun ist, mit einer Schmarrenschaufel wenden, zweite Seite bräunen lassen, dann den Teig mithilfe von 2 Gabeln zerreißen.
- Mit Staubzucker bestreut servieren, Schmarren evtl. mit Apfelmus ergänzen.

Pilze, Schwammerl und Co.

HAUBENKÜCHE AUS DEM WALD

WARMER PILZSALAT

Er schmeckt am besten aus gemischten Pilzen

ZUTATEN

Beliebige Pilze
Zwiebel
Knoblauch
Olivenöl
1 Kirschtomatentraube (pro Portion)
Blattsalatmischung
Balsamico-Essig
etwas Honig und Senf
Salz, Pfeffer,
1 Prise Zucker
Schnittlauch, fein geschnitten
Brotwürfel
Butter
Blüten der Kapuzinerkresse zum Garnieren

ZUBEREITUNG

- Pilze waschen, putzen, auf Küchenpapier abtropfen lassen.
- Kleingehackte Zwiebel und Knoblauch in etwas Olivenöl gelblich anschwitzen, in eine Schüssel geben.
- Danach die Pilze in nicht zu großen Mengen scharf anbraten, bis die Flüssigkeit verdampft ist.
- Pro Portion 1 Kirschtomatentraube mit den noch am Stiel hängenden Tomaten in Olivenöl von allen Seiten rasch anbraten und auf Salattellern mit den Blattsalaten dekorativ auf einem Teller anrichten.
- Für die Marinade Balsamico-Essig etwas einkochen, etwas Honig und Senf, Salz, frisch gemahlenen Pfeffer, Zucker und fein geschnittenen Schnittlauch verrühren.
- Heiße Pilze auf dem Salat anrichten, mit Marinade übergießen und einige in Butter kross gebratene Brotwürfelchen darüberstreuen.
- Mit Blüten der Kapuzinerkresse garnieren.

Mein Tipp

Zur Pilzzeit gibt es am Balkon und im Garten viel Kapuzinerkresse, deren attraktive, essbare Blüten sich wunderbar als Dekoration nicht nur für diesen Salat eignen. Auch die pfeffrig-scharfen Blätter sind essbar. Im Frühling in einen großen Topf ausgesät, liefert sie bis in den November hinein eindrucksvolle Blüten.

GEBRATENE PILZKNÖDEL

Köstliche Beilage oder vegetarisches Hauptgericht

ZUTATEN

250 g Knödelbrot
ca. ¼ l heiße Milch
3 Eier
ca. 150 g Champignons
1 Zwiebel
1 Knoblauchzehe
2 EL Butter
1 Tasse Petersilie, fein geschnitten
1 Msp. Paprika
etwas Fondor
1 Msp. Muskatnuss
Salz, Pfeffer
ca. 1 Tasse Mehl

ZUBEREITUNG

- Knödelbrot in eine Schüssel geben, mit heißer Milch und versprudelten Eiern vermischen.
- Champignons waschen, abtrocknen, putzen und sehr klein schneiden.
- Gehackte Zwiebel und Knoblauch in Butter glasig dünsten, Champignons dazugeben, weiterrösten, bis die Pilze bräunlich werden. Fein geschnittene Petersilie dazugeben, einmal durchschwenken, vom Herd ziehen.
- Alles zum Knödelbrot geben, würzen, gut vermischen und nochmals abschmecken.
- Schüssel mit einem Topfdeckel, der genau über die Knödelmasse passen sollte, abdecken. Mindestens 1 Stunde durchziehen lassen. Dazwischen das Knödelbrot einmal durchmischen, damit es gleichmäßig durchzieht. Eventuell noch etwas Wasser dazugeben, die Masse sollte ganz leicht schmierig sein.
- Mehl daruntermischen, 10 Minuten rasten lassen. Mit nassen Händen kleine Knödel formen, in eine leicht gefettete feuerfeste Form locker einlegen. Die Knödel sollten sich nicht berühren.
- Einige Butterflöckchen darübergeben und unter gelegentlichem Übergießen mit Butter bei 200 °C ca. 20 Minuten backen, bis sie knusprig braun sind.

Mein Tipp

Besonders gut schmecken die Pilzknödel als Beilage oder Fülle zum Brathuhn, zur Gänse- und Entenbrust oder zur Gefüllten Kalbsbrust von Seite 72, dann mit dem jeweiligen Bratensaft übergossen gebraten.
Mit Salat ergeben die Pilzknödel eine köstliche vegetarische Hauptmahlzeit.

PIKANTER PILZSTRUDEL

Ein Hit für Schwammerlfans

ZUTATEN

Zutaten Topfenblätterteig
siehe Seite 171
(wahlweise fertiger Strudelteig)

Für die Fülle

3 gekochte Kartoffeln
2 Zwiebeln
1 EL Butter
1 EL fein gewürfelter Speck
1 Knoblauchzehe
1 kl. Stange Porree
ca. 400 g gemischte Pilze
½ rote Paprikaschote
1 EL gehackte Petersilie
125 g Crème fraîche
mit Kräutern
1 Msp. Paprika
etwas Fondor
Salz, Pfeffer
2 Wacholderbeeren
falls vorhanden 1 Schuss Gin
oder Weinbrand
evtl. 2 EL Brösel
2 EL Sesam zum Bestreuen

ZUBEREITUNG

- Topfenblätterteig zubereiten wie auf Seite 171 beschrieben.
- Für die Fülle gekochte Kartoffeln schälen und zerdrücken.
- Fein geschnittene Zwiebeln in wenig Butter anlaufen lassen, mit Speck weiterrösten, zuletzt Knoblauch und passierte Kartoffeln dazugeben, kurz weiterrösten, in eine Schüssel geben.
- Porree fein schneiden, in wenig Butter so lange zugedeckt in einer Pfanne dünsten, bis er zusammenfällt.
- Zerkleinerte Pilze in wenig Butter bei großer Hitze rösten, bis alles Wasser verdampft ist, dann die fein geschnittenen Paprikawürfel kurz mitrösten.
- Petersilie und Crème fraîche unterziehen, Gewürze dazugeben, ganze Wacholderbeeren kurz mitziehen lassen, wieder aus der Masse entfernen. Ein Schuss Gin oder Weinbrand gibt der Masse das „gewisse Etwas", muss aber nicht sein.
- Masse völlig abkühlen lassen. Sollte sie zu weich geraten sein, einige Brösel unterziehen. Masse auf ²/₃ des Teiges verteilen, Strudel zusammenrollen, auf ein mit Backpapier belegtes Blech geben, mit zerlassener Butter großzügig bestreichen.
- Im vorgeheizten Backrohr bei 200 °C ca. 45 Minuten backen.
- Nach der halben Backzeit nochmals mit Butter bestreichen und mit Sesam bestreuen. Nach der Backzeit den Strudel ca. 10 Minuten rasten lassen, danach schräg aufschneiden.

ROTES ZWIEBELKONFIT

Schmeckt bei vielen Gelegenheiten

ZUTATEN

4–5 rote Zwiebeln
1 EL Olivenöl
1 Knoblauchzehe
1 EL Zucker
1 Tasse Balsamico-Essig
1 EL Honig
1 Lorbeerblatt
einige Wacholderbeeren
2 Gewürznelken
1 Msp. Zimt
Salz, Pfeffer
etwas Orangenschale
falls vorhanden 1 Glas Rotwein (besser Portwein)
1 Tasse Rindsuppe
3 EL Rahm oder Crème fraîche
nach Geschmack 1 EL Ribisel- oder Preiselbeermarmelade

ZUBEREITUNG

- Zwiebeln schälen, fein schneiden, in Öl bei wenig Hitze dünsten, bis sie weich werden. Zuletzt fein gehackten Knoblauch dazugeben.
- In einer großen Pfanne Zucker schmelzen, mit Balsamico-Essig aufgießen, etwas verkochen lassen.
- Honig, Gewürze und abgeriebene Orangenschale dazugeben, mit Wein und Suppe ablöschen.
- Zwiebeln dazugeben, alles köcheln lassen, bis die Zwiebeln marmeladeartig verkocht sind.
- Lorbeerblatt und Wacholderbeeren entfernen, passierte Marmelade dazugeben und abschmecken.
- Zuletzt etwas Rahm oder Crème fraîche unterheben und zum Pilzstrudel von Seite 94 servieren.

Mein Tipp

Das Zwiebelkonfit, auch Zwiebelmarmelade genannt, ist vielseitig verwendbar.
Es schmeckt gut auf frischem Weißbrot oder als Bruschetta-Aufstrich und kann als Fülle für kleine Tartlets aus Topfenblätterteig verwendet werden. Es sollte allerdings immer innerhalb weniger Stunden verbraucht werden, da Zwiebeln schnell in Gärung übergehen.

FORELLE MIT PFIFF

Eine unerwartet glückliche Geschmacksehe

ZUTATEN

Pro Person
1 geputzte Forelle
(oder 2 Forellenfilets)
ersatzweise Victoriabarsch
Salz, Pfeffer
etwas Zitronensaft
etwas Öl und Butter
etwas fein gehackte Zwiebel
einige Pfifferlinge
etwas Rahm
etwas gehackte Petersilie

ZUBEREITUNG

- Die Forelle salzen, pfeffern und mit Zitrone beträufeln.
- In einer hohen Pfanne in Öl-Butter-Gemisch zugedeckt ca. 10 Minuten braten, dann umdrehen und auf der auskühlenden Platte ziehen lassen.
- Fein geschnittene Zwiebel in einer Pfanne in Butter anschwitzen, die geputzten, halbierten Pfifferlinge dazugeben, etwas durchrösten, mit etwas Rahm aufgießen, salzen, pfeffern und mit Petersilie bestreuen. Einige Minuten köcheln lassen.
- Die Forelle am besten von den Gräten lösen und auf einem Pfifferlingsbett anrichten. So kann man sich den köstlichen Pilzgeschmack ungestört auf der Zunge zergehen lassen, der sich dann harmonisch mit dem zarten Forellenaroma verbindet.
- Dazu passen am besten ganz kleine, heurige Kartoffeln, die nur mit der rauen Seite eines Küchenschwammes sorgfältig abgerieben, aber nicht geschält werden. Sie werden mitsamt der Schale verspeist.

Manche Gerichte entstehen aus einem Zufall heraus. Bei diesem war es eine Handvoll unerwartet gefundener Pfifferlinge, in Tirol kurzerhand „Pfiff" genannt.

CANNELLONI MIT PILZFÜLLUNG

Feinste italienische Küche

ZUTATEN

Für 4 Personen

1 Zwiebel
1 EL Butter
etwas Porree
1 EL Speck
300 g Pilze (auch gemischt)
3 Kartoffeln
100 g Topfen oder Ricotta
1 EL Petersilie, fein geschnitten
etwas geriebene Zitronenschale
1 Lorbeerblatt
Salz, Pfeffer
Cannelloni (dicke Nudelröhren)
Butter für die Form

Für die Béchamelsauce

30 g Butter
30 g Mehl
½ l Milch
Salz, Pfeffer
1 Msp. Muskatnuss
Butterflöckchen
Brösel, Parmesan

ZUBEREITUNG

- Sehr fein gehackte Zwiebel in Butter anschwitzen, Porree ganz fein schneiden, dazugeben, zusammenfallen lassen.
- Speck anbraten, ganz klein geschnittene Pilze dazugeben und rösten, bis die Pilze ziemlich trocken sind.
- Mit den gekochten, zerdrückten Kartoffeln und den übrigen Zutaten vermischen, würzen, Fülle etwas durchziehen lassen.
- Inzwischen die Cannelloni in reichlich Salzwasser al dente kochen, kalt abschrecken.
- Nebeneinander auflegen und (geht am besten mit einem langen Löffel, wie man ihn zum Mixen verwendet) mit der Pilzmasse füllen.
- In eine gebutterte, feuerfeste Form geben und mit der Béchamelsauce (Zubereitung siehe Seite 127) überziehen.
- Mit Butterflöckchen belegen, mit Bröseln und Parmesan bestreuen und überbacken.

Italiens Köstlichkeiten brauchen meistens Lust und Liebe zum Kochen, sind aber den Aufwand wert.

EIERSCHWAMMERL-LASAGNE

Für Feinschmecker

ZUTATEN

Für 2 Personen
4 Lasagne-Blätter
1 KL Butter
4 Scheiben Rohschinken (hauchdünn)
1 Zweig Rosmarin
150 g Eierschwammerl
1 Frühlingszwiebel
½ Knoblauchzehe
Salz, Pfeffer
1 Glas Weißwein
2 EL Crème fraîche mit Kräutern
⅛ l Süßrahm
Parmesan
1 EL Basilikum, fein geschnitten

ZUBEREITUNG

- Pro Person 2 Teigblätter al dente kochen, kalt abschrecken, zum Abtropfen auf ein Küchentuch legen. Je ein Teigblatt in die Mitte eines bebutterten, hitzebeständigen Tellers legen.
- Rohschinken in Streifen schneiden, mit einem Zweig Rosmarin in einer Bratpfanne knusprig anbraten. Auf Küchenpapier abtropfen lassen. Rosmarin entfernen.
- Die geputzten, klein geschnittenen Eierschwammerl in den Bratrückstand geben, bei großer Hitze so lange sautieren, bis die Pilzflüssigkeit verdampft ist und die Pilze etwas Farbe angenommen haben. Auf einen Teller geben.
- Fein geschnittene Frühlingszwiebel und fein gehackten Knoblauch anschwitzen, mit Salz und Pfeffer würzen.
- Mit Weißwein aufgießen, verkochen lassen.
- Pilze und Crème fraîche dazugeben, vorsichtig vermischen. Evtl. nachwürzen.
- Zuerst den Schinken, darauf dann die Pilze über das erste Teigblatt verteilen, mit dem zweiten Teigblatt abdecken.
- Mit leicht geschlagenem Rahm überziehen, mit grob geriebenem Parmesan und Basilikum überstreuen und unter dem Grill golden gratinieren.
- Mit Rosmarin garnieren.

Verführerische Apfelrezepte

NICHT NUR EINE SÜSSE SACHE

SÜSSKARTOFFEL-APFEL-SUPPE

Klingt exotisch, ist aber einen Versuch wirklich wert

ZUTATEN

Für 4 Personen
1 Zwiebel
1 EL Butter
1 Stange Porree
2 Süßkartoffeln
1 große Karotte
2 große Äpfel (Boskop)
⅛ l Apfelsaft
½ l Suppe
etwas Suppenwürze
1 Msp. Muskatnuss
Salz, Pfeffer
¼ l Kokosmilch
geschlagener Rahm
Schnittlauchröllchen zum Bestreuen
ein Hauch Curry

ZUBEREITUNG

- Die Zwiebel fein schneiden, in Butter anschwitzen. Porree der Länge nach halbieren, gut waschen, in feine Scheibchen schneiden, zur Zwiebel geben und kurz mitrösten.
- Süßkartoffeln, Karotte und Äpfel schälen, auf der Gemüsereibe raspeln und dazugeben, etwas mitdünsten lassen.
- Mit Apfelsaft und Suppe aufgießen, würzen und zu einem Brei verkochen lassen.
- Alles mit dem Stabmixer pürieren, dann die Kokosmilch dazugeben, nachwürzen und geschlagenen Rahm vorsichtig unterziehen.
- Mit Schnittlauchröllchen bestreuen und einem Hauch Curry überstäubt servieren.

Mein Tipp

Die vorwiegend in den Tropen, aber auch rund um das Mittelmeer angebaute Süßkartoffel ist in vielen Ländern dieser Erde populärer als unsere „normalen" Kartoffeln. Sie schmeckt angenehm nussig und aromatisch und lässt sich vielseitig, z. B. für Püree, verwenden. Bei uns erhält man sie im guten Gemüsefachgeschäft.

ROSINAS SCHWEINSFILET-APFEL-TOPF

Ungewöhnlich, aber empfehlenswert

ZUTATEN

Für 4 Personen

600 g Schweinsfilet
Salz, Pfeffer,
frisch gemahlen
etwas Öl und Butter
2 feste Äpfel
Butter für die Form
¼ l Schlagrahm
1 EL Maizena
3 EL Tomatenketchup
2 KL Currypulver
ein Hauch Cayennepfeffer
1 Msp. Paprika
1 EL eingelegte Kapern
100 g geriebener Käse
(Gouda, Bergkäse)

ZUBEREITUNG

- Schweinsfilet (pro Person ca. 3 Stück) in 3 cm dicke Scheiben schneiden, mit der Hand flach drücken. Mit Salz und frisch gemahlenem Pfeffer würzen, in einer Pfanne in wenig Öl-Butter-Gemisch auf beiden Seiten kurz, aber scharf anbraten.
- Die Äpfel schälen, vierteln, Kerngehäuse entfernen, in dünne Längsscheiben schneiden, ebenfalls ganz kurz anbraten und abwechselnd mit den Filetscheiben in eine gebutterte Auflaufform schichten.
- Für die Sauce Rahm, Maizena, Ketchup, Curry, Salz, etwas Pfeffer, Cayennepfeffer, Paprika und die klein gehackten Kapern miteinander verrühren.
- Sauce über die Äpfel und das Fleisch gießen, mit Käse bestreuen und im Backrohr bei 220 °C ca. 15–20 Minuten offen überbacken.
- Dazu passt Reis oder frisches Weißbrot und ein knackiger Blattsalat.

Mein Tipp

Äpfel werden bei uns üblicherweise für Süßspeisen verwendet. Sie eignen sich aber auch wunderbar als geschmackliche Ergänzung für salzig-pikante Gerichte. Geeignet sind besonders eher saure, festfleischige Äpfel. Machen Sie einen Versuch!

BAYERISCHE APFELTOPFENTORTE

Äpfel werden überall geschätzt

ZUTATEN

einige Rosinen
etwas Calvados
oder Cointreau
1 Packung Blätterteig
1 EL Marillenmarmelade
800 g Äpfel
1 Bio-Zitrone
etwas Zucker und Zimt
250 g Topfen (20 %)
150 g Staubzucker
3 Eier
¼ l Schlagrahm

ZUBEREITUNG

- Rosinen waschen, auf Küchenpapier gut abtrocknen, in ein paar Tropfen Cointreau oder Calvados (allenfalls auch Rum) marinieren lassen.
- Blätterteig auf einer leicht bemehlten Unterlage aufbreiten und mit dem Nudelholz vorsichtig etwas größer ausrollen. Dabei möglichst rund ziehen.
- Eine große Tortenform mit dem Teig so auslegen, dass er rundum gleichmäßig noch ein bisschen über den Rand der Form hinausreicht.
- Teig mit etwas Marmelade bestreichen.
- Möglichst saure Äpfel schälen, in Spalten schneiden, gleichmäßig auf dem Teig verteilen, mit etwas Zitronensaft und Calvados beträufeln, mit etwas Zucker und Zimt bestreuen.
- Aus Topfen, Staubzucker, Eiern, Zimt und geriebener Zitronenschale einen Abtrieb zubereiten, die Rosinen dazugeben und die Äpfel damit übergießen.
- Den überstehenden Teigrand locker zur Mitte hin kippen.
- Im Backrohr bei 220 °C ca. 40 Minuten backen, mit Staubzucker bestreuen und mit einem Tupf geschlagenem Rahm servieren.

Dieses schnelle Rezept für eine leichte, kalorienarme Apfeltorte hat mir eine Freundin aus Bayern mitgebracht. So ist sie auch zu ihrem Namen gekommen.

BRATÄPFEL IM SCHNEEGESTÖBER

Sie schmecken verlässlich nicht nur im Winter

ZUTATEN

Pro Person
1 großer Apfel (Boskop)
½ Granatapfel
1 EL brauner Zucker
1 Msp. Zimt
etwas Rum
gehackte Haselnüsse
etwas Marillen- oder Preiselbeermarmelade
etwas Butter
1 EL Kokosflocken
Vanilleeis

ZUBEREITUNG

- Die ganzen Äpfel gut waschen und mit einem Kartoffelschäler das Kerngehäuse ausstechen. Die Äpfel sollten dabei ganz bleiben. Vom Apfel unten eine kleine Scheibe abschneiden, damit er gut steht.
- Apfelreste klein schneiden, mit Zucker, Zimt, Rum, Nüssen und Marmelade verrühren, Masse in die Äpfel füllen.
- Jeden Apfel mit einem Butterflöckchen belegen, alle Äpfel in eine gebutterte feuerfeste Form geben und im Backrohr bei 200 °C ca. 15 Minuten überbacken.
- In der Zwischenzeit die Granatäpfel waschen, halbieren und mit einem Löffel die Kerne herausschaben, über die Äpfel verteilen und Kokosflocken darüberstreuen. Nochmals ins Rohr geben, bis der ausgetretene Apfelsaft zu karamellisieren beginnt.
- Mit Vanilleeis anrichten.
- Zur Dekoration nochmals ein paar frische Kokosflocken und Granatapfelkerne darüberstreuen und sofort servieren.

Dieses Rezept habe ich nach einer Ägyptenreise erfunden, auf der herrlich rote Granatäpfel öfter als Dessert serviert wurden.

TROPISCHER APFELSTRUDEL

Ein neues Geschmackserlebnis für Apfelstrudelfans

ZUTATEN

Topfenblätterteig siehe Seite 171
(wahlweise fertiger Strudelteig)

Fülle pro Strudel
3–4 große Äpfel
1 Banane
Saft von 1 Zitrone
2 EL Rosinen
2 geh. EL Zucker
1 EL brauner Zucker
½ KL Zimt
2 EL Kokosflocken
2–3 EL Maracujasaft
einige Tropfen Rum
3 EL Butter
2 EL Brösel
Staubzucker zum Bestreuen
Schlagrahm

ZUBEREITUNG

- Topfenblätterteig zubereiten wie auf Seite 171 beschrieben.
- Äpfel waschen, mitsamt der Schale in kleine, dünne Scheibchen schneiden (funktioniert gut mit dem Krauthobel). Mit Zitronensaft beträufeln.
- Banane schälen, ca. 1 cm dick aufblättern und mit Zitronensaft beträufeln. Rosinen waschen, auf Küchenpapier abtrocknen.
- Geschnittenes Obst und Rosinen in eine Schüssel geben und mit Zucker, Zimt, 1 EL Kokosflocken, Maracujasaft und Rum vermischen. Zugedeckt 10–15 Minuten durchziehen lassen.
- Teig halbieren (die volle Menge ergibt 2 Strudel), auf bemehlter Unterlage ca. in Blechgröße ausrollen.
- Die in Butter angerösteten Brösel und die Fülle auf ²/₃ des Teiges verteilen, eine Handvoll trockene Brösel darüberstreuen.
- Strudel einrollen, mit Butter bestreichen und im Backrohr bei 220 °C ca. 30 Minuten backen.
- Den leicht bräunlichen Strudel nochmals mit Butter bestreichen, mit 1 EL Kokosflocken bestreuen und weiterbacken.
- Der Strudel ist fertig, wenn der ausgetretene Apfelsaft karamellisiert. Mindestens 10 Minuten rasten lassen.
- Strudel mit Staubzucker bestreut heiß, warm oder kalt, möglichst mit einem Tupf Schlagrahm servieren.

Dieser Strudel ist im Frühling besonders empfehlenswert, wenn Äpfel allein etwas langweilig schmecken.

RHABARBER-APFELKUCHEN

Einer meiner Blitzschnell-Kuchen

ZUTATEN

1–2 Äpfel
1 dicke Stange Rhabarber
½ Bio-Zitrone
5 Eidotter
3 EL Rum
150 g Staubzucker
1 Prise Salz
3 EL heißes Wasser
5 Eiweiß
2 EL brauner Zucker
(oder Kristallzucker)
ca. 100 g Butter
200 g Mehl
2 EL Mandelplättchen
1 Msp. Zimt
1 EL Vanillezucker

ZUBEREITUNG

- Äpfel und Rhabarber schälen, in ca. 3–4 cm große Stücke schneiden, etwas Zitronensaft darüberträufeln und abgedeckt zur Seite stellen.
- Eidotter, Rum, Staubzucker, abgeriebene Zitronenschale, eine Prise Salz und heißes Wasser mit dem Stabmixer dick schaumig schlagen.
- In einer zweiten Schüssel das Eiweiß steif schlagen, zuletzt Kristallzucker einschlagen.
- Die Butter in einem Pfännchen zergehen lassen.
- Mehl und Eischnee vorsichtig unter die Dottermasse mischen, die Hälfte der zerlassenen Butter unterziehen und den Teig in eine gefettete, bemehlte Tortenform geben.
- Rhabarber, Apfelstücke und zuletzt Mandelplättchen gleichmäßig darüberstreuen, restliche Butter darüberträufeln. Mit einem Hauch Zimt und 1 EL Vanillezucker bestreuen.
- Im Backrohr bei 200 °C ca. 40 Minuten backen, bis der Teig zart bräunlich ist.
- Vor dem Servieren mit reichlich Staubzucker bestreuen, da der Rhabarber sehr sauer ist.

Mein Tipp

Wegen des hohen Gehaltes an Oxalsäure soll man Rhabarber nicht zu oft essen. Er lässt sich geschält und in Stücke geschnitten tiefkühlen und kann dann z. B. für Kompott oder Obstkuchen Verwendung finden. Zur Verwendung nur so viel auftauen, dass sich die einzelnen Stücke voneinander lösen.

TIROLER APFEL-REINDLING

Eine ausgiebige Sache, braucht aber etwas Geduld!

ZUTATEN

Dampfl aus
40 g Hefe
¼ l Milch
1 EL Zucker
1 EL Mehl

Für den Teig
2 Eier
100 g Zucker
abgeriebene Zitronenschale
1 KL Salz
100 g Butter
500 g Mehl
zusätzlich ca. 200 g Mehl zum Ausarbeiten

Für die Fülle
eine Tasse Rosinen
etwas Rum
2–3 große Äpfel (Boskop)
Saft von ½ Zitrone
ca. 100 g Butter
3 EL Zucker
2 KL Zimt
eine Tasse gehackte Haselnüsse (od. geschälte Mandeln)

Glasur aus
3 EL Staubzucker
Saft von ½ Zitrone

ZUBEREITUNG

- Für das Dampfl lauwarme Milch, Hefe, Zucker und Mehl verrühren, 15 Minuten gehen lassen.
- Rosinen waschen, mit Rum beträufeln.
- Äpfel schälen, in ca. 2–3 cm große Stücke schneiden, mit Zitrone beträufeln und mit den Rosinen mischen.
- Eier, Zucker, abgeriebene Zitronenschale und Salz verrühren, mit zerlassener Butter, Mehl und Dampfl zu einem glatten Teig verarbeiten, zugedeckt zur doppelten Größe aufgehen lassen.
- Restliches Mehl auf ein Brett geben, den noch recht flüssigen Teig mit so viel Mehl verkneten, wie er leicht aufnimmt. Er sollte so fest sein, dass man ihn mit dem Teigroller leicht ausrollen kann. Nochmals gehen lassen.
- Fingerdick auf ca. 60 x 30 cm ausrollen, dazu den Teig immer wieder in Form schieben.
- Mit zerlassener Butter bestreichen, Zutaten für die Fülle gleichmäßig aufstreuen, Teig locker einrollen.
- Teig in gleiche Stücke schneiden, Teigscheiben mit der Schnittstelle nach oben in der gefetteten, bemehlten Tortenform anordnen.
- Einige marinierte Apfel- und Mandelstücke darüberstreuen und nochmals gehen lassen. Etwas flüssige Butter darüberträufeln.
- Bei 200 °C ca. 60 Minuten backen, mit einer Glasur aus Staubzucker und Zitronensaft betupfen.
- Der Kuchen sollte unbedingt ein bis zwei Tage rasten dürfen.

Partys und kleine Feste

KULINARISCHE BEGEGNUNGEN

EDITHAS SCHNELLE LACHSPASTETE

Passt herrlich zum Brunch oder kalten Buffet

ZUTATEN

Als Vorspeise für 6 Personen
250 g frischer Lachs
etwas Zitronensaft
5 Pfefferkörner
250 g geräuchertes Forellenfilet
250 g Crème fraîche
mit Kräutern
1/8 l Schlagrahm
Salz, Pfeffer
roter und grüner eingelegter
Pfeffer
einige Kapern
evtl. 1 Blatt Gelatine

Zum Garnieren
Rucola- oder Kresseblättchen
etwas Forellenkaviar
Balsamico-Essig

ZUBEREITUNG

- Lachs in kleine Stücke teilen und bei sehr kleiner Hitze ca. 10 Minuten in leichtem Zitronenwasser mit Pfefferkörnern ziehen lassen. Auf Küchenpapier abtropfen und abkühlen lassen.
- Jede Fischart eigens mit dem Mixer pürieren, mit jeweils der Hälfte Crème fraîche und geschlagenem Rahm vermischen, mit Salz und Pfeffer abschmecken.
- Roten und grünen Pfeffer sowie Kapern etwas zerdrücken, mit Schlagrahm zu einer Paste verrühren.
- Erste Fischsorte in eine mit Folie ausgelegte kleine Kastenform einstreichen, kurz in den Kühlschrank stellen. Wenn die Oberfläche fest ist, Pfeffermasse aufstreichen, dann zweite Fischsorte vorsichtig darüberstreichen.
- Einige Stunden im Kühlschrank fest werden lassen.
- Vor dem Stürzen einige Sekunden lang in heißes Wasser tauchen, mit angewärmtem Messer in Scheiben schneiden.
- Mit Rucola- oder Kresseblättchen, Forellenkaviar und ein paar Tropfen eingekochtem Balsamico-Essig gefällig garnieren.
- Mit getoastetem Weißbrot servieren.
- Durch die Beigabe von 1 Blatt Gelatine, das man 10 Minuten in kaltem Wasser einweicht, gut ausdrückt und in ein paar Tropfen heißem Fischsud zergehen lässt, kann man die Masse versteifen. Sie lässt sich dann besser schneiden.

TEIGTASCHEN MIT VARIATIONEN

Sie zergehen auf der Zunge

ZUTATEN

Zutaten Topfenblätterteig
siehe Seite 171
(oder fertiger Blätterteig)

Für die Lachs-Topfen-Füllung

1 Zwiebel
1 KL Butter
250 g Topfen (20 %)
etwas Crème fraîche
1 EL Dill
einige Kapern
250 g Räucherlachs
wenig Salz, Pfeffer
1 Ei zum Bestreichen

Für die Bärlauch-Topfen-Füllung

2 Tassen Bärlauch
3 EL eingelegte Kapern
1 EL Petersilie
½ rote Paprikaschote
etwas Schinken
250 g Topfen (20 %)
125 g Crème fraîche mit Kräutern
1 Msp. Paprika
Salz, Pfeffer
1 Ei zum Bestreichen

ZUBEREITUNG

- Topfenblätterteig zubereiten wie auf Seite 171 beschrieben. Teig rasten lassen.
- Für die Fülle die Zwiebel ganz fein schneiden, in Butter zart anschwitzen, mit Topfen, Crème fraîche, fein aufgeschnittenem Dill und den zerteilten Kapern verrühren, zuletzt den klein geschnittenen Lachs vorsichtig unterziehen, mit Salz und Pfeffer abschmecken. Mit Salz vorsichtig sein, da der Lachs ziemlich salzig ist.
- Teig dünn ausrollen, mit einem großen Glas Kreise von 10 bis 12 cm Durchmesser ausstechen.
- Fülle jeweils auf einer Hälfte verteilen, Ränder frei lassen und mit versprudeltem Ei bestreichen. Andere Hälfte darüberschlagen.
- Ränder zuerst mit den Fingern, dann mit Gabelzinken gut andrücken, dabei soll ein nettes Muster entstehen.
- Mit Ei bestreichen, im Backrohr bei 200 °C ca. 20 Minuten backen.

- Für die Fülle Bärlauch in Streifen schneiden, Kapern, Petersilie, Paprika, Schinken fein aufschneiden, mit Topfen, Crème fraîche und den Gewürzen vermischen.
- Weitere Zubereitung wie oben. Beide Füllen reichen für eine Menge an Topfenblätterteig.
- Die Teigtaschen heiß oder abgekühlt, aber unbedingt frisch gebacken servieren.
- Sie schmecken als originelles „Finger-Food" wunderbar zu einem kühlen Glas Sekt.

OSTERSCHINKEN IM BROTTEIG

Ein festliches Rezept

ZUTATEN

Dampfl aus
1 Tasse Milch
20 g Hefe
½ KL Zucker
1 EL Mehl

Für den Teig
500 g Mehl
ca. ¼ l Wasser
½ KL Salz
3 EL Olivenöl
etwas Rosmarin

1 Rollschinken
oder ein Stück Beinschinken
Größe nach Bedarf
1 Ei zum Bestreichen

ZUBEREITUNG

- Dampfl zubereiten wie auf Seite 168 beschrieben und mit den übrigen Teigzutaten vermischen. Der Teig sollte relativ fest gehalten werden.
- Aus den Teigresten kann man Brot oder eine Pizza backen.
- Verwendet man Rollschinken, so muss dieser vorgekocht werden. Im Kochsud völlig erkalten lassen, vor der Weiterverwendung Netz entfernen, gut abtrocknen.
- Teig auf einem bemehlten Brett ca. 1 cm dick ausrollen. Er soll so fest sein, dass er sich mit etwas Druck gut verarbeiten lässt.
- Schinken darin einschlagen, mit dem Teigschluss nach unten auf ein mit Backpapier belegtes Blech legen.
- Teigoberfläche mit der nassen Hand glatt streichen, mit einer Stricknadel einige Male einstechen, sodass beim Backen der Dampf gut entweichen kann.
- Etwas gehen lassen, damit der Teig locker wird.
- Aus einem Teigrest eine dünne Kordel drehen und den Schinken damit verzieren. Damit die Verzierung hält, mit etwas versprudeltem Ei festkleben.
- Im Backrohr bei 220 °C ca. 40 Minuten backen, nach der Hälfte der Backzeit mit Ei bestreichen. Etwas überkühlen lassen.
- Zum Aufschneiden empfiehlt sich die Verwendung eines Elektromessers.

WALTONS SCHARFER WURSTSALAT

Mein Spezialbelag für Brötchen, die immer gut ankommen

ZUTATEN

Menge für
ca. 50 kl. Brötchen
(mindestens)
500 g Extrawurst
ca. 6 mittelgroße Gewürzgurken
10 milde Pfefferoni
3 scharfe Pfefferoni
4 EL Kapern
ca. 3 Tassen Mayonnaise mit
wenig Fett
je 3 EL Ketchup
(wenn vorhanden scharfes)
und Senf
Salz, Pfeffer
etwas Knoblauchpulver
je 1 Msp. Curry und Paprika
ein Hauch Cayennepfeffer
oder etwas Chili

Zum Garnieren
kl. Gewürzgurken
Cocktailtomaten
Basilikum

ZUBEREITUNG

- Brötchen mit diesem leicht scharfen Wurstsalat gibt es auf allen Vernissagen der Waltons. Noch nie ist auch nur ein einziges übrig geblieben.
- Man kann den Aufstrich am Vortag zubereiten, dann entwickelt sich der Geschmack besonders gut. Ich werde immer wieder um das Rezept gefragt. Hier ist es!
- Wurst, Gurken, Pfefferoni und Kapern zuerst mit dem Messer, dann mit dem Wiegmesser möglichst klein schneiden.
- Je nachdem, wie scharf man den Wurstsalat haben möchte, kann man auch mehr scharfe Pfefferoni verwenden.
- In eine Schüssel geben und mit den übrigen Zutaten vermischen. Unbedingt einige Stunden durchziehen lassen, nochmals abschmecken.
- Auf kleine Baguettescheiben aufstreichen, mit Gurkenfächern, Tomaten, Basilikum usw. garnieren.
- Mit Folie abgedeckt halten sich die Brötchen im Kühlschrank bis zum nächsten Tag. Besonders gut zu einem Glas Sekt.

ÜBERBACKENE PFEFFERONI

Ein originelles „heißes" Partyrezept

ZUTATEN

Pro Person
2–3 große, milde Pfefferoni
1 scharfer Pfefferoni
(evtl. weglassen)
1 kl. Zwiebel
2 EL Olivenöl
1 Knoblauchzehe
Parma- oder anderer Schinken
nach Geschmack
in Öl eingelegte
getrocknete Tomaten
1 Kugel Mozzarella
2 EL Kapern
1 Handvoll Basilikum
1 Prise Oregano
Salz, Pfeffer
einige Grissini-Stangen
2–3 Scheiben Parmaschinken
Basilikum
lange Schnittlauchhalme
Basilikumblätter zum Garnieren

ZUBEREITUNG

- Von den Pfefferoni mit scharfem Messer das obere Drittel längs abschneiden.
- Zwiebel sehr fein aufhacken, in Olivenöl nur weich dünsten, Knoblauch dazugeben.
- Pfefferoniabfälle, zusätzlich einige ganze Pfefferoni und den scharfen Pfefferoni aufhacken.
- Schinken, Tomaten, 2/3 des Mozzarellas, Kapern und Basilikum klein schneiden, alles zusammenmischen, würzen. Mit Salz vorsichtig sein, der Parmaschinken ist recht salzig!
- Masse in die aufgeschnittenen Pfefferoni dick einfüllen und in eine mit Olivenöl bestrichene feuerfeste Form geben.
- Mit kleinen Mozzarella-Würfeln belegen und im Backrohr bei 200 °C kurz überbacken, bis der Mozzarella zerfließt.
- Auf einer Platte abwechselnd mit hauchdünnen Scheiben Parmaschinken, den man um die Grissini-Stangen wickelt, anrichten und mit Basilikum garnieren.
- Damit der Schinken hält, kann man ihn dekorativ mit einem langen Schnittlauchhalm umwickeln und binden.

KIRCHTAGSKRAPFEN

Eine klassische Tiroler Herbstspezialität

ZUTATEN

Für den Teig

250 g Universalmehl
250 g Roggenmehl
100 g Butter
2 EL Rahm
1 Eidotter
etwas Milch
Salz

Eiweiß zum Bestreichen
Schmalz oder Öl zum Backen
Staubzucker zum Bestreuen

Für die Fülle

200 g Dörrzwetschken
100 g Dörrbirnen (Kletzen)
etwas Rum
250 g Mohn, fein gemahlen
½ KL Zimt
etwas Nelkenpulver
3 EL Ribisel- oder Preiselbeermarmelade
2 EL Honig
1 Apfel
1 Bio-Zitrone
etwas Zucker
Brösel

ZUBEREITUNG

- Für den Teig alle Zutaten zu einem lockeren Teig kneten, einige Stunden rasten lassen.
- Für die Fülle die entkernten, in Rum eingeweichten Zwetschken und Birnen in ganz wenig Wasser weich dünsten, das Wasser soll dabei ganz verdunsten.
- Anschließend fein schneiden, Mohn dazumischen und etwas quellen lassen.
- Gewürze, Marmelade, Honig, Zitronensaft und geriebene Zitronenschale sowie geriebenen Apfel dazugeben, mit Bröseln festigen.
- Mit Zucker abschmecken, die Masse soll nicht zu süß sein. Einige Stunden durchziehen lassen.
- Den Teig auf mehliger Unterlage dünn ausrollen, ca. 10 x 6 cm große Rechtecke schneiden.
- Je 1 EL der erkalteten Fülle auf ein Teigstück geben. Rand mit Eiweiß bestreichen, in der Mitte zusammenschlagen.
- Den Rand mit einem Teigrad ausradeln und anschließend fest zusammendrücken.
- In heißem Schmalz oder Öl herausbacken, vor dem Servieren mit Staubzucker bestreuen.
- Die Kirchtagskrapfen können warm oder kalt serviert werden.

In Südtirol habe ich die Krapfen „nur" mit Preiselbeermarmelade gefüllt getestet. Sie haben mir wunderbar geschmeckt!

KOKOS-SCHOKOMOUSSE

Sehr schnell gemacht und trotzdem ein Hit!

ZUTATEN

Für 6 Naschkatzen
100 g Zartbitterschokolade
3 Eier
¼ l Schlagrahm
einige Tropfen Rum
3 EL starker Kaffee
1 Tasse Kokosflocken

Zum Garnieren
Schokospäne
Kokosflocken
Himbeeren
grüne Melissenblätter

ZUBEREITUNG

- Schokolade zerbröckeln und im Wasserbad zergehen lassen.
- Eier trennen, das Eiweiß steif schlagen.
- Eidotter schaumig rühren und die abgekühlte, aber noch flüssige Schokomasse, Rum, Kaffee und Eischnee unterziehen.
- Mit ca. 1 Tasse Kokosflocken, die man in das noch flüssige Schokomousse einrührt, kann man eine ganz neue Geschmacksvariante schaffen. Passt zu dunkler wie auch zu weißer Schokolade.
- Die Mousse in Schälchen füllen, Schokospäne und Kokosflocken darüberstreuen und mit Himbeeren und Melissenblättern garnieren.

MOUSSE AUS WEISSER SCHOKOLADE

Für süße Schleckermäuler

ZUTATEN

Für 4 Personen
150 g weiße Schokolade
2 Blatt Gelatine
2 Eiweiß
¼ l Schlagrahm
3 EL Likör (Cointreau)
Früchte der Saison

ZUBEREITUNG

- Schokolade im Wasserbad schmelzen.
- Gelatine ca. 10 Minuten in kaltem Wasser einweichen.
- Das Eiweiß und den Rahm nacheinander steif schlagen.
- Likör heiß werden lassen, die gut ausgedrückte Gelatine darin auflösen und untermengen.
- Eischnee und steif geschlagenen Rahm unter die Creme ziehen, kalt stellen.
- Diese Masse kann nach dem Erkalten gestürzt werden.
- Formen vor dem Einfüllen mit kaltem Wasser spülen.
- Falls die Mousse nicht gestürzt werden soll, kann man die Gelatine weglassen.

Mein Tipp

Auch wenn es etwas Mühe bereitet, die Kombination von heller und dunkler Schokolade, garniert mit frischen Früchten der Saison, sieht als Dessert einfach großartig aus und schmeckt auch so. Beide Mousses lassen sich auch gut am Vortag zubereiten.

BANOFFI-PIE

Süß und pickig, aber unglaublich gut

ZUTATEN

ca. 250 g Ingwer-Kekse
(auch andere Kekse,
dazu etwas frischer Ingwer
oder Ingwerpulver)
100 g Butter
Tortenform
mit 20 cm Durchmesser

Für die Fülle

80 g Butter
150 g Zucker
400 g Kondensmilch
(keine light!)
1 Msp. Zimt
3 EL starker Kaffee
2 Bananen
1 EL Zitronensaft

Zum Verzieren
1/8 l Rahm
1 Rippe Bitterschokolade
falls gerade erhältlich
einige Physalis-Früchte
zur Dekoration

ZUBEREITUNG

- Kekse in ein Plastiksackerl füllen und mit dem Fleischklopfer fein zerstoßen.
- Mit der geschmolzenen Butter vermischen und in die Pie-Form füllen.
- Mithilfe eines Glases mit glattem Boden die Bröselmischung zu einer gleichmäßigen Schicht andrücken. Form in den Kühlschrank stellen.
- Für die Fülle Butter und Zucker in einem Topf bei kleiner Hitze zergehen lassen, Kondensmilch und Zimt dazugeben und langsam zum Kochen bringen. Bei ganz kleiner Hitze unter ständigem Umrühren (auf den Boden achten!) einige Minuten köcheln lassen, bis sich eine dicke, karamellartige Masse gebildet hat.
- Kaffee dazugeben und weiterrühren.
- Masse auf den Keksboden streichen.
- Bananen in Scheiben schneiden, mit Zitronensaft beträufeln und über die Karamellmasse geben.
- Geschlagenen Rahm über die Pie streichen.
- Von der Schokoladenrippe mit einem scharfen Messer Späne abschneiden und darüber verteilen. Mit Physalis-Früchten garnieren.

Mein Tipp

Für das Originalrezept wird Kondensmilch in der Dose 3 Stunden lang gekocht, wobei Explosionsgefahr besteht, wenn dabei das Kochwasser unbemerkt verdampfen sollte. Ich habe mir eine ebenso köstliche, aber wesentlich einfachere und vor allem nicht lebensgefährliche Variante ausgedacht. Die Kombination ist wirklich sehr sättigend, probieren Sie daher zuerst eine kleine Pie aus.

Genuss aus dem Einmachglas

EINKOCHEN IST IMMER AKTUELL

HERMIS ORANGENMARMELADE

Versuchen Sie dieses ganz besondere Rezept

ZUTATEN

7 große Bio-Orangen bester Qualität
3 Bio-Zitronen
10–20 Kumquats (Zwergorangen)
100 g Zucker
1 kg Gelierzucker
¾ l frisch gepresster Orangensaft (Blutorangen)
0,2–0,4 cl Cointreau

ZUBEREITUNG

- Früchte gut waschen. Orangen und Zitronen mit Kartoffelschäler dünn (ohne Weißes) abschälen.
- Schalen mit Wiegmesser zerkleinern, im Einkochtopf mit ½ l Wasser und dem Zucker ca. 30 Minuten köcheln lassen, mehrmals umrühren. Achtung! Orangen brennen leicht an.
- Von den geschälten Orangen und Zitronen mit scharfem Messer Weißes komplett wegschneiden.
- Fruchtfleisch und gut gewaschene Kumquats hauchdünn aufschneiden, Kerne entfernen, was leider etwas mühsam ist.
- Mit dem Orangensaft zu den vorgekochten Schalen geben. Die Kumquats verleihen der Marmelade den erwünschten, leicht bitteren Geschmack.
- Mit Gelierzucker bei sehr kleiner Hitze ca. 30 Minuten weiterkochen. Mehrmals umrühren, Topf nie aus den Augen lassen.
- Wenn die Masse einzudicken beginnt, Gelierprobe machen. Dazu wenig Marmelade auf einen kalten Teller geben, sie sollte sofort sulzig werden. Wenn die Masse nicht geliert, noch etwas weiterkochen, evtl. noch etwas Zucker hinzufügen, da die Säure der Orangen sehr verschieden sein kann.
- Vor dem Einfüllen in Schraubdeckelgläser Cointreau unter die Marmelade rühren, dann nicht mehr kochen lassen.
- Gönnen Sie der Marmelade einige Tage der Ruhe, dann steht dem Genuss nichts mehr im Weg. Am besten schmeckt sie bald nach dem Einkochen.

KARIBISCHER MARMELADETRAUM

Exotik pur am Frühstückstisch

ZUTATEN

Ananas, Mango
Papaya, 1 Orange
(insgesamt ca. 1 kg
geschält gewogen)
500 g Zucker
Halb und Halb Gelierhilfe
Zitronensaft
1–2 Gläser Orangensaft
nach Geschmack etwas Ingwer
0,2–0,4 cl Cointreau

ZUBEREITUNG

- Mit dieser Marmelade auf dem Frühstückstisch fängt jeder Tag mit ein bisschen Sommer an! Wegen der exklusiven Zutaten ist es sicher keine Alltagsmarmelade, aber in Kombination mit Eis auch ein schneller Nachtisch, der Eindruck hinterlässt.
- Verwenden Sie die so genannte Halb und Halb Gelierhilfe, mit der Sie Zucker sparen können, da die exotischen Früchte ohnehin relativ süß sind. Die Zutaten sind variabel.
- Früchte waschen, schälen und in kleine Stücke schneiden. Mit Zucker, Orangen- und Zitronensaft laut Anweisung auf der Packung der Gelierhilfe so lange kochen, bis die Gelierprobe gelingt (siehe dazu vorhergehendes Rezept).
- Zuletzt den Likör dazugeben und heiß in Gläser füllen.
- Die Marmelade nicht zu lange aufbewahren, besser immer wieder frisch zubereiten, da sich der volle Fruchtgeschmack im Laufe der Zeit verringert.

Mein Tipp

Wenn Sie Ingwer noch nie versucht haben, brühen Sie sich als Kostprobe zuerst einmal aus einem kleinen Stück geschälte Wurzel eine Tasse Tee auf und testen Sie, ob Sie den Geschmack überhaupt mögen.
Man sagt der unscheinbaren Wurzel viele gesundheitsfördernde Eigenschaften nach.
Manche lieben Ingwer und verwenden ihn regelmäßig. Andere wiederum können leicht darauf verzichten.
Für die obige Marmelade sollten Sie auf jeden Fall nicht zu viel davon verwenden, da er sonst das wunderbare Zusammenspiel der exotischen Früchte übertönt.

M & M-MARMELADE

Aus Marillen und Mangos gekocht

ZUTATEN

Für 2 Gläser
1 halbreife Mango
ca. ¼ l Marillenmarmelade
1 Tasse Einkochzucker
etwas Zitronensaft
falls vorhanden etwas Marillenlikör oder Cointreau

ZUBEREITUNG

- Pro Mango belässt man ca. ¼ l Marillenmarmelade im Einkochtopf, gibt das fein gewürfelte Fruchtfleisch der geschälten Mango dazu und lässt es mit etwas Einkochzucker und Zitronensaft unter ständigem Umrühren einige Minuten sprudelnd kochen.
- Mit dem Stabmixer gleich im Einkochtopf fein pürieren, nochmals aufkochen lassen. Die Gelierprobe machen, Likör dazugeben und heiß in Schraubdeckelgläser füllen.

Mit dieser Marmelade schließe ich immer das Marilleneinkochen ab.

Mein Tipp

Diese fruchtige Marmelade eignet sich aufgrund ihrer Konsistenz und ihres Aromas besonders gut dazu, eine Torte nach oben hin abzuschließen. Man erhitzt die Marmelade, rührt 1 Blatt vorher kalt eingeweichte, ausgedrückte Gelatine dazu, lässt die Masse wieder leicht abkühlen und verteilt sie über die Tortenoberfläche. Man kann die Torte dabei entweder im Tortenring belassen, es sieht aber auch sehr ansprechend aus, wenn die orange Fruchtmasse seitlich unregelmäßig herunterrinnt. Gut dazu geeignet ist eine einfache Biskuit- oder Topfentorte.

ERDBEER-RIBISEL-MARMELADETRAUM

Eine besonders glückliche „Marmeladen-Ehe"

ZUTATEN

500 g Ribisel
500 g Erdbeeeren
500 g Zucker
1 Halb und Halb Gelierhilfe
1 Zitrone

ZUBEREITUNG

- Ribisel und Erdbeeren ungefähr zu gleichen Teilen verwenden. Ribisel kurz waschen, abbeeren, Erdbeeren halbieren und nach Vorschrift mit Gelierzucker einkochen. Wer's gerne sehr fruchtig hat, kann noch den Saft einer Zitrone dazugeben. Die Ribisel sind aber an und für sich sauer genug.

HIMBEER-RIBISEL-MARMELADE

Ein absoluter Hit auch zum Füllen von Weihnachtskeksen

ZUTATEN

500 g Ribisel
500 g Himbeeren
500 g Zucker
1 Halb und Halb Gelierhilfe
etwas Himbeergeist

ZUBEREITUNG

- Passieren Sie die Ribisel nur dann vor dem Verkochen, wenn Sie die Kerne extrem ablehnen. Die Mengen sind variabel, je nach verwendeter Gelierhilfe.

Mein Tipp

Da Himbeeren nicht gerade billig sind, falls man sie nicht aus dem eigenen Garten ernten kann, sei hier verraten, dass schon eine Handvoll Himbeeren einen ganzen Topf Ribisel „parfümiert".
Sollten Sie während der Einkochzeit gerade wenig Zeit haben, können Sie alle Marmeladefrüchte ohne Weiteres einfrieren und erst später daraus Marmelade zubereiten. Marmeladen sollte man ohnehin nicht zu lange aufbewahren (nie länger als ein Jahr!). Ein bis zwei Wochen nach dem Einkochen schmecken sie mir eigentlich am besten.

BROMBEERMARMELADE

Delikat für ein gemütliches Sonntagsfrühstück

ZUTATEN

1 kg frisch geerntete oder tiefgekühlte Brombeeren
1 Tasse Himbeeren
1 kg Gelierzucker
Saft von 3 Zitronen oder etwas Zitronensäure
1 cm Zimtrinde
2 Gewürznelken
etwas Brombeerlikör

ZUBEREITUNG

- Ich verkoche die ganzen Brombeeren, da die Kerne die Verdauung anregen.
- Falls Sie die Kerne nicht mögen, drücken Sie die rohen Beeren einfach durch ein Passiergerät.
- Marmelade kochen, bis sie leicht andickt, Zimtrinde und Nelken herausnehmen.
- Mit etwas Brombeerlikör können Sie der Marmelade das gewisse Etwas verleihen und geradezu zum Luxusartikel machen.
- Mit Äpfeln können Sie die Marmelade „verlängern". Verwenden Sie dazu eine Apfelsorte, die leicht zerfällt, z. B. Boskop.

WALDBEERENMARMELADE

Wunderbar fruchtig

ZUTATEN

wie oben, statt Brombeeren Waldbeerenmischung verwenden

ZUBEREITUNG

- Aus der tiefgekühlt erhältlichen Waldbeerenmischung können Sie nach dem obigen Rezept ebenfalls in wenigen Minuten eine köstliche Marmelade zaubern.

Rund ums Jahr gekocht

REZEPTE, DIE IMMER SAISON HABEN

KNOBLAUCH-MANDELSUPPE

Eine besonders aromatische Kombination

ZUTATEN

Für 4 Personen
100 g Mandeln
(geschält gerieben)
1 mittelgroße Zwiebel
3–4 Zehen Knoblauch
2 EL Butter
2 EL Mehl
1 l Suppe
1 Msp. Muskatnuss
1 Msp. Neugewürz,
falls vorhanden
Salz, Pfeffer
⅛ l Rahm
einige Brotwürfel
Petersilie zum Bestreuen

ZUBEREITUNG

- Mandeln im trockenen Topf kurz anrösten, bis sie angenehm riechen. Sie sollen aber keine Farbe annehmen. Beiseitestellen.
- Im Topf fein gehackte Zwiebel und Knoblauch in 1 EL Butter leicht anschwitzen, Mehl darüberstäuben, Mandeln dazugeben.
- Topf von der Platte nehmen, mit heißer Suppe aufgießen.
- Mit dem Schneebesen gut verrühren, damit sich keine Klümpchen bilden können.
- Würzen, so lange köcheln lassen, bis die Zwiebelstückchen weich sind.
- Rahm dazugeben, Suppe mit dem Stabmixer pürieren, abschmecken.
- Mit fein gehackter Petersilie und den in Butter gerösteten Brotwürfeln servieren.

Mein Tipp

Selbst gemachte Suppenwürze: 300 g Schalotten, 200 g Sellerie, 250 g Petersilienwurzel, 250 g Porree, 250 g Karotten grob raspeln. 250 g klein geschnittenes Tomatenfleisch, 4 gehackte Knoblauchzehen, etwas Maggikraut und 1 KL Meersalz zugeben. Auf ein Backblech ein Blatt Backpapier aufbreiten, Masse darüber verteilen. Im offenen Backrohr bei 70 °C völlig trocken werden lassen, ab und zu wenden. Mit dem Pürierstab zu Pulver mixen. In ein Schraubglas füllen und im Kühlschrank aufbewahren. Ideal als Würze für Suppen, Saucen usw.

HAFERFLOCKEN-GEMÜSESUPPE

Magenfreundlich und gesund, man sollte sie öfter kochen!

ZUTATEN

Für 4 Personen
2 Tassen Haferflocken
1 große Zwiebel
1 EL Butter
1 kl. Stange Porree
1 Karotte
ca. ¼ Sellerieknolle
¼ l Milch
etwas Suppe
oder Suppenwürze
1 Msp. Muskatnuss
Salz, Pfeffer
2 EL Petersilie
Schnittlauchröllchen zum
Bestreuen

ZUBEREITUNG

- Haferflocken trocken in einem großen Topf anrösten, bis sie nussartig zu duften beginnen. Sie dürfen dabei kaum Farbe annehmen, sonst „brandelt" die Suppe. Geröstete Haferflocken auf einen Teller geben und beiseitestellen.
- Fein geschnittene Zwiebel in Butter hellgelb anschwitzen, dann Porree, geraspelte Karotten und Sellerie kurz mitrösten. Haferflocken dazugeben, mit Milch und Suppe aufgießen.
- Würzen und verkochen lassen, bis das Gemüse weich ist, dann ganz kurz mit dem Stabmixer pürieren. Die Suppe soll aber nicht zu homogen werden.
- Klein geschnittene Petersilie dazugeben und nochmals abschmecken.
- Suppe etwas stehen lassen, damit sich der Geschmack entwickeln kann. Die Suppe dickt dabei an.
- Wenn man einen Teil tiefkühlen will, nimmt man ihn jetzt weg.
- Vor dem Servieren wird die Suppe nach Wunsch verdünnt. Mit reichlich Schnittlauchröllchen bestreut anrichten.
- Soll die Suppe eine Hauptmahlzeit ersetzen, kann man ein Paar Frankfurter Würstchen hineingeben.

MEIN PASTA-SUGO

Ich koche immer einen großen Topf davon

ZUTATEN

Für einen 10-l-Topf
3–4 mittelgroße Zwiebeln
4 Knoblauchzehen
2 mittelgroße Karotten
½ Sellerieknolle
3 EL Olivenöl
1 Tasse Speckwürfel
1 kl. Porreestange
500 g gemischtes Faschiertes
ca. 2 l Pelati-Tomaten
oder 2 kg frische Tomaten
1–2 Tassen in Öl
eingelegte Tomaten
oder 1 Tube
konzentriertes Tomatenmark
1 EL Suppenwürze
3 EL getrockneter Oregano
2 EL frischer Zitronenthymian
ca. 15 Nadeln Rosmarin
(beide klein geschnitten)
1 EL Zucker
Salz, Pfeffer
½ Bund Petersilie
reichlich frisches Basilikum

ZUBEREITUNG

- Zwiebeln und Knoblauch schälen, klein schneiden, Karotten und Sellerie schälen und auf einer Gemüsereibe grob raffeln.
- Zwiebeln in wenig Olivenöl anlaufen lassen. Speck und Knoblauch kurz mitrösten.
- Porreestange halbieren, gut waschen, fein aufschneiden, mitrösten, dann Karotten und Sellerie dazugeben, bis alles Gemüse zusammengefallen ist.
- In der Zwischenzeit das Fleisch in einer Pfanne in ganz wenig Olivenöl bräunlich anrösten, dann zum angerösteten Gemüse geben. Tomaten dazumischen, alles gründlich umrühren, aufkochen lassen.
- Würzen und bei kleiner Hitze mindestens 1½ Stunden, besser etwas länger, köcheln lassen, bis sich an der Oberfläche ein leichter, bräunlicher Fettfilm absetzt. Gegen Ende der Garzeit klein geschnittene Petersilie und Basilikum unterziehen.
- Immer wieder gründlich bis zum Topfboden umrühren, damit sich nichts anlegt.
- Zur weiteren Verwendung frische Kräuter (vor allem Basilikum) oder auch etwas Rahm dazugeben.

Mein Tipp

Bis alles geschnitten und angeröstet ist, müssen Sie mit gut 1 Stunde Vorbereitungszeit rechnen. Aber dann hat man lange einen praktischen Vorrat, da sich dieser Pasta-Sugo gut portionsweise tiefkühlen lässt. Die Mengen sind variabel. Statt der eingelegten Tomaten können Sie auch die Kräutertomaten von Seite 41 verwenden.

RAGU AL FORNO

Braucht etwas Zeit, schmeckt aber gut

ZUTATEN

Für 4 Personen

ca. 300 g trockene Pasta (Penne)
ca. 2–3 Tassen Pasta-Sugo
Butter und Brösel für die Form

Für die Béchamelsauce

2 EL Butter
3 geh. EL Mehl
ca. ½ l Milch
Salz, Pfeffer
1 Msp. Muskatnuss
1 Msp. Paprikapulver
1 Msp. Knoblauchpulver
1 Ecke Rahmstreichkäse
1 Tasse Käsereste
einige Butterflöckchen

ZUBEREITUNG

- Für die Béchamelsauce Butter in einem großen Topf zergehen lassen, Mehl dazugeben, mit dem Schneebesen gut verrühren.
- Bevor das Mehl Farbe annimmt, den Topf von der Platte ziehen, die Hälfte der Milch mit einem Schwung in den Topf gießen und sofort mit dem Schneebesen intensiv verrühren.
- Topf wieder auf die Platte stellen, die zweite Hälfte der Milch unterrühren. Einmal aufkochen lassen, würzen und besonders am Topfboden und -rand gut aufrühren, damit nichts anbrennt.
- Topf vom Herd nehmen, Béchamel vor der Weiterverwendung kurz andicken lassen. Evtl. noch etwas Milch einrühren, die Sauce soll aber ziemlich dickflüssig sein.
- Käsereste in kleine Würfel schneiden und mit dem Rahmstreichkäse unterziehen.
- In der Zwischenzeit Nudeln al dente kochen, abgießen, mit dem Pasta-Sugo in den Topf mit der Béchamelsauce geben und alles locker vermischen.
- Eine große, flache Auflaufform ausbuttern und mit Bröseln bestreuen. Masse einfüllen und flach streichen, mit Butterflöckchen belegen.
- Im Backrohr bei 200 °C ca. 30 Minuten backen, bis die Oberfläche knusprig braun ist.
- Wenn Sie nur für 1–2 Personen kochen, können Sie einen Teil der Nudelmasse ungebacken in einer Auflaufform tiefkühlen. Vor dem Backen dann ca. 1 Stunde antauen lassen.

GRÜNKERNLAIBCHEN MIT KRÄUTERSAUCE

Ein Vitalgericht aus der Vollwertküche

ZUTATEN

100 g Grünkernschrot (aus dem Reformhaus)
1 EL Butter
ca. ½ l Gemüsebrühe von Seite 74
1 kl. Zwiebel
etwas Wurzelgemüse (Karotten, Pastinaken, Petersilienwurzel)
1 Ei
60 g grob geriebener Käse 1 Knoblauchzehe
2 EL Petersilie
1 Lorbeerblatt
1 EL Ketchup
1 Prise geriebene Muskatnuss
Salz, Pfeffer
Brösel
Öl, Butter

Für die Kräutersauce

¼ l Rahm
Schnittlauch, Dill
evtl. andere frische Kräuter
1 Gewürzgurke
1 Prise Zucker
Salz, Pfeffer

ZUBEREITUNG

- Grünkernschrot in Butter leicht anrösten, mit Brühe aufgießen, unter Rühren zum Kochen bringen, 30 Minuten bei milder Hitze wie Reis ausquellen lassen.
- Zwiebel fein schneiden, in Butter anlaufen lassen.
- Wurzelgemüse waschen, schälen, grob aufraffeln, zu den Zwiebeln geben und kurz mitrösten, bis es zusammenfällt und relativ trocken ist. Pastinaken geben einen besonders guten Geschmack.
- Gemüse, Grünkernschrot, Gewürze und die übrigen Zutaten gut mischen, rasten lassen. Lorbeerblatt nach einiger Zeit wieder entfernen.
- Aus der Masse flache Laibchen formen, in Brösel wälzen, bei mittlerer Hitze in Öl-Butter-Gemisch knusprig braten.
- Mit Kräutersauce anrichten und mit Salat servieren.
- Für die Kräutersauce den Rahm etwas einkochen.
- Schnittlauch in feine Röllchen schneiden, Dill und nach Geschmack einige andere Kräuter fein schneiden und zusammen mit der klein geschnittenen Gewürzgurke unter den Rahm ziehen, Gewürze hinzufügen und unterrühren.

Mit dem sehr gesunden Grünkernschrot können Sie übrigens auch die Haferflocken-Gemüse-Suppe von Seite 125 variieren. Haferflocken durch die gleiche Menge Grünkern ersetzen.

SCHWEINSFILET IN PORTWEIN-BALSAMICO

Schnelle, aber feine Küche

ZUTATEN

Für 2 Personen
5 Schalotten
etwas Butter
1–2 Gläser Portwein
1 KL Zucker
⅛ l Balsamico-Essig
ca. 300 g Schweinsfilet
etwas Öl
etwas Suppe
Salz, Pfeffer
1 frisches Lorbeerblatt
nach Geschmack
etwas Rahm
oder Crème fraîche

ZUBEREITUNG

- Schalotten fein schneiden, in Butter farblos anschwitzen, mit Portwein aufgießen, Flüssigkeit komplett einkochen lassen.
- Zucker in einer Pfanne zergehen lassen, mit Balsamico-Essig aufgießen, sirupartig einreduzieren lassen, danach zu den Schalotten geben, etwas köcheln lassen.
- Schweinsfilet in dünne Scheibchen schneiden oder schnetzeln und in wenig Öl bei starker Hitze bräunlich anbraten, dann zum Jus geben, mit etwas Suppe aufgießen und so lange dünsten, bis das Fleisch weich ist.
- Mit Salz, Pfeffer und einem frischen Lorbeerblatt würzen, Lorbeerblatt nach einigen Minuten wieder aus der Sauce nehmen. Evtl. mit Rahm oder Crème fraîche verfeinern.
- Beilagenempfehlung: Kartoffelkroketten und in Butter geschwenktes Gemüse oder die Kartoffeltorte von Seite 20.

Mein Tipp

Den süßlich-aromatischen Portwein kauft man nicht unbedingt zum Kochen, eher als Trinkgenuss. Er eignet sich gleichermaßen als appetitanregender Aperitif, zu Käse oder Nüssen, aber auch als köstliche Begleitung zu einem Schokoladedessert.
Die Sorte „Tawny“ ist stabil gegenüber Luft und Licht und kann in der verkorkten Flasche mehrere Wochen aufbewahrt werden. Weißer Port wird gekühlt getrunken, roter bei Zimmertemperatur. Hin und wieder findet auch ein Gläschen Port in der Küche Verwendung.

KOKOS-PANNA COTTA

Eine köstliche Variante des berühmten Desserts

ZUTATEN

Für 6 Personen

4 Blatt Gelatine
½ l Süßrahm
50 g Zucker
1 Vanilleschote ganz
0,2–0,4 cl Cointreau
3–4 EL Kokosflocken

ZUBEREITUNG

- Gelatine 5 Minuten in kaltem Wasser einweichen.
- Rahm mit Zucker in einem Topf zum Kochen bringen. Gelatine gut ausdrücken und darin auflösen, nicht mehr kochen lassen!
- Vanilleschote auskratzen, den schwarzen Inhalt zum Rahm geben.
- Likör und Kokosflocken unter den Rahm ziehen und die Masse in schöne Gläser füllen.
- Will man die Panna cotta stürzen, spült man die dafür vorgesehenen Förmchen vorher mit kaltem Wasser aus.
- Rahmmasse einige Stunden erstarren lassen.
- Gestürzt kann man sie mit Zucker überstreuen und nochmals bei 250 °C Oberhitze kurz ins Backrohr schieben. Das ergibt dann eine schöne Karamellkruste.
- Vor dem Servieren mit Kokosflocken bestreuen und mit Früchten der Saison garnieren.

Mein Tipp

Grüne Panna cotta mit Pistazien

Anstatt der Kokosflocken eine Tasse fein gehackte Pistazien und etwas grünen Likör (Kiwi-Likör) vor dem Erstarren der Creme unterziehen.

Als besonders elegante Dekoration kann man pro Portion 2 große Blätter Zitronenmelisse in zerlassene weiße Schokolade tauchen. Blättchen einige Minuten auf einer Unterlage in den Kühlschrank legen. Abwechselnd mit grünen und weißen Blättchen garnieren. Mit Kiwischeiben oder Beerenfrüchten, Schokospänen und gehackten Pistazien dekorativ anrichten. Schnell gemacht und sieht umwerfend gut aus!

TOPFENGRATIN MIT FRÜCHTEN

Schnell zubereitet und heiß serviert

ZUTATEN

Für 3–4 Personen
250 g Topfen (20 %)
3 EL Honig oder brauner Zucker
Schale ½ Bio-Zitrone
1 EL Vanillezucker
2 EL Maizena
1 Eidotter
1/4 l Rahm
1 Msp. Zimt
1 kl. Zweig Melisse (wahlweise Ananassalbei, Rosmarin oder Zitronenstrauch)
1 Schuss Cointreau oder Rum
pro Person ca. 1 Tasse Bananenscheiben und/oder Himbeeren Heidelbeeren, Erdbeeren, können tiefgekühlt sein, am besten gemischt verwenden

ZUBEREITUNG

- Topfen mit allen Zutaten außer den Früchten und der Hälfte des Rahms zu einer geschmeidigen Masse verrühren, Würzzweig einige Minuten darin ziehen lassen, dann wieder herausnehmen.
- Früchte in tiefe, feuerfeste Teller verteilen.
- Geschlagenen Rahm unter die Topfenmasse ziehen und über die Früchte verteilen. Im Backrohr bei 250 °C Oberhitze kurz überbacken, bis die Ränder zart bräunlich sind. Sofort servieren.
- Verwendet man Bananen, kann man diese vorher in Butter leicht anbräunen.
- Evtl. mit einer Kugel Zitronen- oder Maracuja-Eis servieren.
- An Früchten eignen sich auch zu Kompott gekochte Sauerkirschen oder in Butter gebratene Apfelspalten.

ORCHIDEEN-MOHNTORTE

Attraktiv und wunderbar saftig

ZUTATEN

5 Eiweiß
200 g Zucker
150 g Butter
1 Prise Salz
5 Eidotter
200 g geriebener Mohn
80 g geriebene Nüsse
50 g feinst geschnittenes Zitronat
1 Msp. Zimt
1 EL Vanillezucker
1 Schuss Rum
Butter und Mehl für die Form
Ribiselmarmelade
1–2 Tassen blättrig geschnittene Mandeln

ZUBEREITUNG

- Eiweiß mit etwas Zucker steif schlagen.
- Butter mit Zucker, Salz und Eidotter schaumig rühren.
- Restliche Zutaten trocken mischen, alles locker vermengen.
- In eine befettete, mit Mehl bestreute Tortenform von 24 cm Durchmesser einfüllen, im Backrohr bei 180 °C ca. 1 Stunde backen.
- Erkaltet mit passierter Ribiselmarmelade bestreichen. Ich verwende dazu die Himbeer-Ribisel-Marmelade von Seite 117.
- Marmelade etwas einziehen lassen, erst dann die Torte reichlich mit blättrig geschnittenen Mandeln bestreuen. Damit die Mandeln schön weiß bleiben, sollten sie nur leicht anhaften, sonst ziehen sie zu viel Feuchtigkeit und damit rote Farbe an.

Diese Torte habe ich als unerwarteten Gaumengenuss auf einer Orchideen-Ausstellung entdeckt. So ist sie zu ihrem Namen gekommen.

MOHN-TOPFEN-GUGLHUPF

Mein persönlicher Gesundheitskuchen

ZUTATEN

100 g Butter
5 Eidotter
1 Prise Salz
200 g Staubzucker
1 EL Kristallzucker
1 EL Vanillezucker
abgeriebene Zitronenschale
1 Msp. Zimt
etwas Rum
250 g Topfen (20 %)
1 Stamperl Eierlikör
5 Eiweiß
120 g Mehl
oder Maizena
4 Msp. Backpulver
200 g geriebener Mohn
Butter, Mehl und
Mandelblättchen für die Form

ZUBEREITUNG

- Wer Mohn nicht so besonders gern mag, kann einen Teil davon durch Nüsse ersetzen.
- Butter schaumig rühren, nach und nach Eidotter, Salz, Staubzucker, Vanillezucker, Zitronenschale, Zimt und Rum einrühren, zuletzt Topfen und Eierlikör locker unterziehen.
- Eiklar mit 1 EL Kristallzucker sehr steif schlagen.
- Mehl mit Backpulver und Mohn (Nüssen) mischen, mit dem Eischnee unterheben.
- Guglhupf- oder Tortenform mit Butter ausstreichen, reichlich mit Mandelblättchen und etwas Mehl ausstreuen.
- Teig einfüllen, im Backrohr bei 180 °C ca. 60 Minuten backen.
- Der Guglhupf sollte 1–2 Tage durchziehen. Mit Staubzucker bestreut servieren.

Mein Tipp

aus dem Mohndorf Armschlag im Waldviertel: Mohn wird nach der Ernte schnell ranzig. Tiefgekühlt lässt er sich auch in geriebenem Zustand übers Jahr lagern. Nicht jeder hat schließlich gleich eine Mohnmühle zur Hand, wenn ihn die Lust auf einen Mohn-Guglhupf überkommt.

Zufällig habe ich entdeckt, dass Mohn besonders viel Kalzium enthält, das vorbeugend gegen Osteoporose wirkt. Topfen bekanntlich auch. Deswegen läuft er bei mir unter „Osteoporose-Guglhupf".

DIE TARTE DER DEMOISELLES TATIN

Gestürzter Apfelkuchen mit französischer Raffinesse

ZUTATEN

Zutaten Mürbteig
siehe Seite 170
(weicher Mürbteig)

1,5 kg säuerliche Äpfel
70 g Butter
100 g blättrige Mandeln
150 g Zucker
etwas Vanillezucker
1 Msp. Zimt
etwas Zitronensaft
1 Stamperl Cointreau
oder Calvados (Original)
evtl. ein paar Tropfen
Maracujasaft
1 versprudeltes Ei
oder etwas Milch
Schlagrahm nach Belieben

ZUBEREITUNG

- Mürbteig zubereiten wie auf Seite 170 beschrieben.
- Gleich große Äpfel schälen, vierteln, Kerngehäuse entfernen, mit Zitronensaft beträufeln.
- Butter in einer niedrigen, unten geschlossenen, feuerfesten Form zergehen lassen.
- Mandeln und Zucker gleichmäßig darüberstreuen, bei 250 °C einige Minuten ins Backrohr stellen, bis sich der Zucker zu verflüssigen beginnt.
- Aus dem Backrohr nehmen, Apfelstücke so dicht wie möglich kreisförmig in die Form legen. Die Form sollte aufgehäuft voll sein und es sollte sich ein nettes Muster ergeben, da die Torte später gestürzt wird. Etwas Zimt und Zucker darüberstreuen.
- Bei 200 °C ca. 30 Minuten backen, bis die Äpfel weich sind und die überschüssige Flüssigkeit verdampft ist. Dazwischen die Äpfel mehrmals mit dem Saft bestreichen, zuletzt den Cointreau und evtl. ein paar Tropfen Maracujasaft zum Saft geben.
- Den Teig auf einer bemehlten Unterlage kreisförmig ausrollen, etwas größer als die Form ausschneiden.
- Teig auf die Äpfel legen, Rand leicht andrücken, mit einer Gabel einige Löcher einstechen.
- Mit etwas versprudeltem Ei oder Milch bestreichen, anschließend ca. 30 Minuten backen, bis der Teig hellgelb ist.
- 5 bis 10 Minuten rasten lassen, erst dann auf eine Platte stürzen und noch heiß mit geschlagenem Rahm als Nachspeise servieren.

Küchennostalgisches

AUS OMAS KOCHBUCH

MILZSCHNITTENSUPPE

Meine alljährliche Weihnachtssuppe

ZUTATEN

Für ca. 6–8 Personen
ca. 300 g frische Milz
1 Zwiebel
2 EL weiche Butter
4 EL Brösel
1 EL Petersilie
½ KL Majoran
Salz, Pfeffer
Weißbrot vom Vortag
(ca. 5–6 Semmeln)
etwas Öl zum Ausbacken

ZUBEREITUNG

- Milz waschen, auf einem größeren Brett mithilfe eines nicht zu scharfen Messers ausschaben, bis nur mehr ein Hautlappen übrig bleibt.
- Zwiebel sehr fein schneiden, in ganz wenig Butter glasig dünsten.
- In einer Schüssel weiche Butter mit den Bröseln, fein geschnittener Petersilie, den abgekühlten Zwiebeln und den Gewürzen gut vermengen. Geht am besten mit dem Schneebesen.
- Semmeln in 1 cm dicke Scheiben schneiden und auf einer Seite mit Milzmasse bestreichen.
- In heißem Öl zuerst auf der bestrichenen, dann kurz auf der anderen Seite braten, auf ein Küchenpapier legen, um das überschüssige Fett zu entfernen.
- Milzschnitten in Streifen schneiden und in einer klaren Fleischsuppe mit Schnittlauch bestreut servieren.
- Am besten die Milzschnitten erst bei Tisch in die Suppe geben.

Mein Tipp

Frische Milz muss man meistens beim Metzger bestellen. Da man Milzschnitten aber ohne Geschmacksverlust tiefkühlen kann, lohnt sich die Mühe!

OMAS BILDSCHÖNE GRIESSNOCKERLN

Gelingen Ihnen unter Garantie!

ZUTATEN

Für ca. 8 Stück
50 g weiche Butter
100 g Grieß
1 mittelgroßes Ei
etwas Salz
1 Msp. Muskatnuss
ein Hauch geriebene Zitronenschale
Rindsuppe

ZUBEREITUNG

- Alle Zutaten mit dem Schneebesen in einer hohen Schüssel ca. 1 Minute lang verrühren, bis sich eine homogene Masse gebildet hat. Die Butter muss unbedingt zimmerwarm sein.
- Mindestens 20 Minuten ziehen lassen, damit der Grieß aufquellen kann.
- Inzwischen in einem großen Topf Wasser zum Kochen bringen, salzen.
- Mithilfe von 2 Suppenlöffeln, die man für jedes Nockerl eigens ins heiße Wasser eintaucht, längliche Nockerln formen. Durch die heißen Löffel bekommen sie eine schöne, ganz glatte Form.
- Ca. 10 Minuten mehr ziehen als kochen lassen, bis die Nockerln ganz weiß geworden sind und oben schwimmen.
- Sollten die Nockerln (passiert nur bei ungenauem Wiegen) innen noch hart sein, was man am gelblichen Kern leicht erkennt, einen gut schließenden Deckel auf den Topf geben, einmal aufkochen lassen, dann den Topf abziehen. Im Dampf werden die Nockerln mit Sicherheit gar.
- Grießnockerln in Rindsuppe mit Schnittlauch bestreut servieren.

Mein Tipp

Ich nehme immer die doppelte Menge an Zutaten, da sich Grießnockerln wunderbar tiefkühlen lassen. Die benötigte Anzahl Nockerln tiefgekühlt in die heiße Suppe einlegen und einige Minuten ziehen lassen. Vor dem Servieren die Suppe nochmals erhitzen. Schmecken wie frisch.

KALBSGULASCH MIT BUTTERNOCKERLN

Ein österreichischer Klassiker

ZUTATEN

Für 4 Personen

3 große Zwiebeln
2 Knoblauchzehen
ca. 1 kg Gulaschfleisch vom Kalb (Schulter)
1 EL Speckwürfel
3 EL Öl
ca. 4 geh. EL Paprikapulver (edelsüß)
1 Msp. Paprikapulver (scharf)
1 Schuss Apfelessig
etwas Suppe oder Wasser
etwas Fondor
½ KL gemahlener Kümmel
etwas abgeriebene Zitronenschale
1 EL Tomatenmark
Salz, Pfeffer
⅛ l Sauerrahm
2 EL Mehl
etwas Petersilie

Für die Butternockerln

400 g Mehl
2 Eier
gut ¼ l zimmerwarme Milch
1 EL zerlassene Butter
Salz
etwas Butter zum Schwenken
Schnittlauchröllchen zum Bestreuen

ZUBEREITUNG

- Zwiebeln klein würfelig, Fleisch in ca. 3–4 cm große Stücke schneiden.
- Zwiebeln in einem hohen Topf zartgelb anbraten, fein geschnittenen Knoblauch und Speck kurz mitrösten.
- Fleisch inzwischen in einer großen Pfanne in wenig Öl von allen Seiten anschwitzen. Paprika dazugeben, durchrösten, mit einem Schuss Apfelessig ablöschen und mit Wasser oder Suppe aufgießen.
- In den Topf mit den Zwiebeln geben, würzen, gut verrühren und bei kleiner Hitze weich dünsten. Zum Schluss soll die Sauce ganz dick sein.
- Sauerrahm mit Mehl verrühren, mit etwas fein geschnittener Petersilie in die Sauce rühren, nachwürzen und einige Minuten köcheln lassen.
- Für die Nockerln in einer Plastikschüssel alle Zutaten zu einem Teig abschlagen.
- Teig kurz rasten lassen, dann von einem Brettchen nicht zu kleine Spätzle in kochendes Salzwasser abschaben (evtl. Spätzlesieb verwenden).
- Spätzle einmal aufkochen lassen, mit einem Lochschöpfer aus dem Wasser heben, im Sieb kalt abschrecken. Dann die nächste Partie Spätzle ins Wasser schaben. Nie zu viel auf einmal!
- Vor dem Servieren kurz in heißer Butter schwenken. Mit Schnittlauchröllchen bestreut servieren.

ERDÄPFELPAUNZEN

Bodenständig aus Tirol

ZUTATEN

Für 4 Beilageportionen
(als Hauptgericht doppelte Menge verwenden)
500 g mehlige Kartoffeln
1 EL Butter
1 kl. Zwiebel
2 EL Schnittlauch fein geschnitten
100 g Mehl
1 Ei
100 g Topfen
1 Msp. Muskat
Salz, Pfeffer
3 EL Rahm
Schnittlauchröllchen zum Bestreuen

ZUBEREITUNG

- Kartoffeln mit Schale weich kochen. Schälen, heiß durch die Kartoffelpresse drücken, überkühlen lassen.
- Mit in Butter zart angerösteter Zwiebel, fein geschnittenem Schnittlauch, Mehl, Ei, Topfen und Gewürzen rasch zu einem lockeren Teig kneten.
- Auf einer bemehlten Arbeitsfläche den Teig zu einer daumendicken Rolle formen, in 3 cm lange Stücke schneiden.
- Mit mehligen Händen daraus Kugeln formen, flach drücken und in Butter goldgelb braten.
- Den Rahm zwischen die Paunzen träufeln und einkochen lassen.
- Mit Schnittlauchröllchen bestreut servieren.
- Die Paunzen schmecken auch gut, wenn man Kräuter wie getrockneten Majoran, Petersilie oder Bärlauch in den Teig einknetet.

Mit Salat oder Sauerkraut eine einfache, aber sehr beliebte „echt Tiroler Bauernkoscht" oder eine besonders gute Beilage.

Mein Tipp

Paprikapulver in größeren Mengen nie trocken in ein Gericht geben, sondern einige Sekunden in heißem Öl aufschäumen lassen, mit einem Spritzer Essig ablöschen und dann mit Wasser aufgießen. Meistens verwendet man edelsüßes, mildes Paprikapulver. Eine Messerspitze vom feurigen scharfen Paprikapulver macht jedes Paprikagericht temperamentvoller und gehört irgendwie dazu. Aber sparsam verwenden.
Gulasch kann man erst ab einer gewissen Menge kochen, sonst wird nichts daraus. Zum Glück kann man es für kleine Haushalte tiefkühlen.

OMAS WURZELFLEISCH

Gelingt auch Kochanfängern perfekt

ZUTATEN

Für 4–5 Personen

1 Tasse Apfelessig
1 kg Schweinefleisch (am besten Schopf)
1 große Zwiebel
1 Lorbeerblatt
1 Gewürznelke
10 Pfefferkörner
3 Wacholderbeeren
1 Zweig Thymian
etwas Maggikraut
Petersilienstängel
Suppenwürze
1 Knoblauchzehe
1 Prise Zucker
Salz
1 große Karotte
1 kl. Fenchelknolle
1 Petersilienwurzel
½ Sellerieknolle
½ kl. Porreestange
ca. 2 cm Krenwurzel
frischer Kren zum Bestreuen

ZUBEREITUNG

- In einem hohen Topf so viel Essigwasser zum Kochen bringen, dass das Fleischstück darin ganz untertauchen kann.
- Bevor man das Fleisch einlegt, lässt man die halbierte geschälte Zwiebel, Gewürze und einige Stückchen von jeder Gemüseart darin aufkochen. Erst dann das gewaschene Fleisch dazugeben.
- Wenn das Wasser wieder aufkocht, Hitze reduzieren, damit das Fleisch 1–2 Stunden (je nach Größe) nur mehr köchelt. Erst gegen Ende der Garzeit salzen. Fleisch mit dem zerkochten Gemüse aus dem Kochsud nehmen.
- Das restliche Gemüse in möglichst dünne, lange Streifen schneiden, im Gemüsesud 3 Minuten sprudelnd kochen lassen, abseihen.
- Fleisch wieder in den Sud einlegen, der jetzt weitgehend verdampft sein sollte.
- Krenwurzel im Sud ohne Kochen nur mehr ziehen lassen, mit dem Lorbeerblatt entfernen.
- Fleisch in Scheiben schneiden, zerkochtes Gemüse mixen, Fleisch darauf anrichten. Bissfestes Gemüse dekorieren. Mit reichlich frisch geriebenem Kren bestreut servieren.

Mein Tipp

Das Wurzelfleisch wird besonders saftig, wenn man es im Sud langsam auskühlen lässt und kurz vor dem Servieren wieder erwärmt. Es eignet sich gut zum Tiefkühlen oder für eine Einladung, da man es bereits am Vortag kochen kann. Zum Tiefkühlen unbedingt mit Sud bedecken.
Als klassische Beilage eignen sich in gehackter Petersilie geschwenkte Salzkartoffeln.

PUNSCHKRAPFERLN

Plötzlich wieder sehr aktuell

ZUTATEN

Für den Biskuitteig

4 Eier
1 Prise Salz
1 EL Vanillezucker
180 g Staubzucker
etwas Zitronenschale
4 EL Wasser
200 g Mehl
2 EL flüssige Butter

Für die Fülle

Biskuitreste
50 g Marillenmarmelade
50 g Kakao oder
geriebene Schokolade
etwas Zitronen-
und Orangensaft
2 EL Rum

Für die Punschglasur

½ kg Würfelzucker
¼ l Wasser
1 Schuss Rum
Orangen-,
Zitronen- oder Ananassaft

ZUBEREITUNG

- Eier trennen, Eidotter mit Salz, Vanillezucker, Staubzucker, geriebener Zitronenschale und Wasser in einer Schüssel über Dampf dick schaumig schlagen.
- Eiweiß mit 2 EL Staubzucker steif schlagen, mit dem Mehl und der flüssigen Butter vorsichtig unter die Dottermasse mischen.
- Blech mit Backpapier auslegen, Teig ca. 3 cm dick aufstreichen.
- Im Backrohr bei 220 °C ca. 10 Minuten zart hellgelb backen.
- Nach dem Erkalten Scheiben mit ca. 4 cm Durchmesser oder Würfel ausschneiden. Teigreste in eine Schüssel bröseln, mit Marillenmarmelade, Kakao, Rum und etwas Zitronen- und Orangensaft tränken. Die Masse soll feucht, aber nicht matschig sein. Etwas durchziehen lassen.
- Jeweils 1 Krapferl als Boden wieder in die Ausstechform zurückgeben, Füllmasse einfüllen, etwas andrücken, damit sie gleichmäßig verteilt wird. Zweites Krapferl als Deckel daraufgeben.
- Oberfläche mit Marillenmarmelade dünn bestreichen und mit Punsch- oder Schokoladeglasur überziehen. Unbedingt 1 Tag durchziehen lassen.
- Zucker und Wasser bis zum „kleinen Flug“ kochen (eingetauchte Drahtschlinge überzieht sich mit Zuckerlamelle, wenn man hineinbläst, fliegt sie weg).
- Glasur während des Erkaltens ständig rühren, bis sie ganz weiß wird (Luft einrühren). Zuletzt Geschmack dazugeben und die Punschkrapferln damit überziehen.

QUITTENKONFEKT & QUITTENBROT

Ein uraltes „Wintergutele"

ZUTATEN

ca. 3 kg vollreife Quitten
1 kg Zucker
Saft von 3 Zitronen

ZUBEREITUNG

- Von den Quitten sorgfältig den Flaum abwaschen, in Schnitze teilen.
- Mit dem Kerngehäuse und so viel Wasser, dass sie bedeckt sind, weich kochen (geht am schnellsten im Schnellkochtopf).
- Quitten abseihen, den Saft auffangen.
- Fruchtfleisch durch die „Flotte Lotte" (Passiergerät) oder durch ein Sieb drücken.
- Zucker in ½ l Wasser ca. 10 Minuten kochen.
- Quittenmasse und -saft dazugeben, unter ständigem Rühren mit dem Zitronensaft ca. 30 Minuten einkochen. Achtung! Die Masse brennt leicht an und spritzt! Die Sulz muss so dick sein, dass ein Tropfen davon auf einem kalten Teller geliert.
- Die heiße Masse auf ein mit kaltem Wasser abgespültes Blech geben und einige Tage trocknen lassen.
- In mundgerechte Stücke schneiden und evtl. in Hagelzucker wälzen.

Mein Tipp

Quittenbrot:
Je 1 Päckchen Zitronat und Orangeat, abgeriebene Schale von 1 Zitrone und 1 Orange, 1 KL Zimt, etwas Orangenlikör oder Apfelschnaps (je nach Geschmack) über Nacht durchziehen lassen. Am nächsten Tag ganz fein schneiden und unter die fertig gekochte Quittenmasse (siehe oben) rühren. Weitere Verarbeitung wie das Quittenkonfekt. Nach Geschmack kann man die geschnittenen Stücke auch in Bitterschokolade tunken.

Wenn's draußen stürmt und schneit

WÄRMENDES FÜR KALTE WINTERTAGE

FIORE D'IVERNO-SALAT

Ein Gaumengenuss

ZUTATEN

Radicchio
(Menge nach Bedarf)
2 Tassen Balsamico-Essig
1 EL Honig
1 EL Senf
Salz, Pfeffer
bestes Olivenöl
evtl. etwas Weinessig
2–3 EL Walnüsse

ZUBEREITUNG

- Radicchio zerteilen, eine Stunde in kaltes Wasser legen, mit Küchenpapier abtupfen, in mundgerechte Stücke teilen.
- Balsamico-Essig mit Honig in einer kleinen Pfanne aufkochen und so lange köcheln lassen, bis er deutlich eingedickt ist und nicht mehr so stark riecht.
- Senf, Salz, Pfeffer und Olivenöl unterrühren, nach Geschmack einige Tropfen Weinessig dazugeben.
- Salat anrichten, mit grob gehackten Walnüssen bestreuen und mit lauwarmer Marinade übergießen.

Mein Tipp

Als Winterblume – fiore d'iverno – wird die Radicchio-Sorte „Variegato di Castelfranco" bezeichnet, die nicht nur im Feinschmeckerland Italien als große Delikatesse gilt.
Kochen Sie zu diesem teuren Salat etwas ganz Schlichtes mit zurückhaltendem Geschmack, damit er sein köstliches Aroma voll entfalten kann.
Frieren Sie im Herbst die frische Walnussernte portionsweise ein, dann haben Sie während des ganzen Jahres Walnüsse zur Hand, die wie frisch geerntet schmecken.

SCHWARZWURZELSALAT

Eine winterliche Salatspezialität

ZUTATEN

Schwarzwurzeln nach Bedarf
Saft von ½ Zitrone
etwas heller Essig
etwas Olivenöl
etwas Senf
etwas Knoblauchpulver
Salz, Pfeffer
evtl. 1 hart gekochtes Ei
Schnittlauch oder
Petersilie zum Bestreuen

ZUBEREITUNG

- Schwarzwurzeln schälen und weich kochen (siehe „Mein Tipp"). Rechnen Sie pro Person mit ca. 150 g.
- Aus Zitronensaft, Essig, Olivenöl und den Gewürzen eine Marinade rühren, über die Schwarzwurzeln träufeln, gut vermischen und mindestens 1 Stunde durchziehen lassen.
- Nach Geschmack mit gehacktem Ei und Schnittlauch oder Petersilie bestreut servieren.

Mein Tipp

Schwarzwurzeln sind sehr leicht verdaulich, reich an Spurenelementen und haben einen milden, an Mandeln erinnernden Geschmack. Im Kühlschrank halten sie sich (in feuchtes Papier eingewickelt) einige Tage.
Beim Kauf sollten sie knackig sein. Leider trocknen sie schnell aus, was die Qualität entscheidend beeinflusst. Daher im Garten immer nur den jeweiligen Bedarf ernten.
Zur Zubereitung Schwarzwurzeln unter fließendem kaltem Wasser mit dem Kartoffelschäler schälen und sofort in Zitronenwasser legen, da sie sich rasch schwarz verfärben.
Meist werden sie wie Spargel mit Butter und Bröseln oder mit einer leichten Knoblauchbutter übergossen zubereitet.

SCHWARZWURZELSUPPE MIT ORANGEN

Eine köstliche Wintersuppe

ZUTATEN

Für 4 Personen
500 g Schwarzwurzeln
etwas Zitronensaft
2 EL Mehl
1 EL Butter
ca. 1 l Fleischsuppe
Saft von 1 Orange
125 g Crème fraîche mit Kräutern
1/8 l Süßrahm
etwas Suppenwürze
Salz, Pfeffer
1 kl. Stück Zimtrinde

Butter, Brotwürfel
Schnittlauchröllchen zum Bestreuen
evtl. ein Hauch Cayennepfeffer

ZUBEREITUNG

- Schwarzwurzeln unter fließendem kaltem Wasser mit dem Kartoffelschäler schälen, in Stücke schneiden und sofort in gesalzenem Zitronenwasser weich kochen. In ein Sieb gießen, Kochwasser auffangen.
- Im Suppentopf Mehl in Butter zart anschwitzen, mit Kochwasser und Suppe aufgießen, mit dem Schneebesen gut versprudeln.
- Einen Teil der Schwarzwurzeln mit dem Stabmixer zerkleinern, mit dem Orangensaft, der Crème fraîche und der Hälfte des Rahms in die Suppe geben, würzen.
- Zimtrinde nur kurz mitziehen lassen, dann wieder herausnehmen.
- Die zurückbehaltenen Schwarzwurzeln in die Suppe geben.
- Restlichen Rahm steif schlagen und locker unter die fertige Suppe ziehen.
- Nach Geschmack mit einem Hauch Cayennepfeffer nachwürzen.
- Die in Butter angerösteten Brotwürfel über die Suppe streuen.

ÜBERBACKENE SCHWARZWURZELN

Eine ausgesprochen magenfreundliche Sache

ZUTATEN

Für 4 Personen
500 g Schwarzwurzeln
50 g Butter
3 EL Mehl,
½ l Milch
1 Msp. Paprikapulver
etwas Knoblauchpulver
1 Msp. Muskatnuss
Salz, Pfeffer
1 Ecke Rahmstreichkäse
Butter und Brösel für die Form
geriebener Parmesan
einige Butterflöckchen

ZUBEREITUNG

- Schwarzwurzeln schälen und weich kochen (siehe „Mein Tipp" S. 145).
- Aus Butter, Mehl und Milch eine dicke Béchamelsauce kochen, würzen, Streichkäse darin zergehen lassen.
- Die in Stücke geschnittenen Schwarzwurzeln darin kurz ziehen lassen und die Masse in eine ausgebutterte, mit Bröseln ausgestreute flache Auflaufform geben.
- Mit geriebenem Parmesan und Bröseln bestreuen und mit Butterflöckchen belegen.
- Im Backrohr bei 200 °C ca. 30 Minuten backen, bis die Oberfläche schön gebräunt ist.
- Gibt man leicht angeröstete Schinkenwürfel in die Béchamel, kann man das Gericht als Hauptmahlzeit servieren. In diesem Fall dann ca. 700 g Schwarzwurzeln kochen.
- Dazu passt am besten Kartoffelpüree.

KAROTTEN-ORANGEN-SUPPE

Sollten Sie probieren!

ZUTATEN

Für 4 Personen
1 Zwiebel
2 EL Butter
300 g Karotten
2 Kartoffeln
1 EL Petersilie
ca. 1 l Suppe
etwas Rahm
1 Bio-Orange
1 Msp. gemahlener Koriander
1 Prise Zucker
1 getrocknete Chilischote
1 cm Zimtrinde
Salz, Pfeffer

ZUBEREITUNG

- Zwiebel fein schneiden, in Butter leicht anschwitzen.
- Karotten und Kartoffeln schälen, auf der Gemüsereibe raspeln, kurz mitrösten.
- Petersilie fein hacken, die Hälfte davon dazugeben, mit Suppe und nach Geschmack mit etwas Rahm aufgießen und ganz weich kochen.
- Etwas abgeriebene Orangenschale dazugeben, alles pürieren.
- Den Orangensaft unterziehen und die Gewürze hinzufügen.
- Chilischote und Zimtrinde eine Minute in der Suppe ziehen lassen, herausnehmen.
- Die Suppe mit je 1 EL geschlagenem Rahm auf Tellern anrichten, etwas geraspelte Karotte, Orangenschale und gehackte Petersilie darüberstreuen.
- Sollte eine Kapuzinerkresse-Blüte zur Hand sein, wirkt sie auf dieser Suppe besonders dekorativ.

POTAGE PARMENTIER

Was für eine Kartoffelsuppe!

ZUTATEN

Für 4 Personen

2 Zwiebeln
200 g Porree (weiß-hellgrün)
etwas Butter
500 g geschälte Kartoffeln (mehlig)
1 l Hühnersuppe
Salz, Pfeffer
1 Prise geriebene Muskatnuss
1 Hauch Cayennepfeffer
125 g Crème fraîche
etwas Rahm
Schnittlauchröllchen zum Bestreuen
nach Geschmack geröstete Brotwürfel

ZUBEREITUNG

- Zwiebel und Porreeringe bei kleiner Hitze in Butter dünsten, bis sie zusammenfallen. Klein geschnittene Kartoffeln dazugeben, mit Suppe auffüllen, würzen und ca. 20 Minuten köcheln lassen.
- Suppe etwas rasten lassen, kurz vor dem Servieren mit dem Stabmixer pürieren.
- Crème fraîche und etwas geschlagenen Rahm dazugeben.
- Mit Schnittlauchröllchen bestreuen und evtl. mit in Butter leicht gebräunten Brotwürfeln servieren.

PASTINAKENSUPPE

Mit aromatisch-nussigem Geschmack

ZUTATEN

Für 4 Personen
1 Zwiebel, 1 TL Butter
3–4 Pastinaken, 1 Karotte
1–2 große Kartoffeln
1 l Suppe
1 Glas trockener Weißwein
1 Msp. gemahlener Kümmel
Salz, Pfeffer
etwas Süßrahm
Schnittlauch

ZUBEREITUNG

- Zwiebel in wenig Butter glasig dünsten, die geschälten und geraspelten Pastinaken, geraspelte Karotte und die klein gewürfelten Kartoffeln dazugeben.
- Mit Suppe und Weißwein aufgießen, zerkochen lassen. Würzen, mit dem Pürierstab aufschäumen und anschließend geschlagenen Rahm unterheben.
- Mit Schnittlauchröllchen bestreut servieren.
- Die Suppe kann gut tiefgekühlt werden.

TOPINAMBUR-CREMESUPPE

Gesund und leicht verdaulich

ZUTATEN

Für 4 Personen
ca. 300 g Topinambur
3 Kartoffeln
etwas Zitronensaft
1 kl. Zwiebel, 1 EL Butter
1 Knoblauchzehe
ca. 1 l Suppe
(falls vorhanden Hühnersuppe)
Salz, Pfeffer
1 Lorbeerblatt
1 Msp. Muskatnuss
1 mittelgroße Karotte

ZUBEREITUNG

- Topinambur und Kartoffeln schälen, in Scheiben schneiden und in Zitronenwasser legen.
- Fein geschnittene Zwiebel in Butter anschwitzen, zerdrückte Knoblauchzehe dazugeben, dann die abgetropfte Topinambur, zuletzt die Kartoffeln.
- Alles nur leicht andünsten, nicht bräunen.
- Mit Suppe aufgießen, mit Salz, Pfeffer, Lorbeerblatt und Muskatnuss würzen. Geraspelte Karotte dazugeben, Suppe ca. 10 Minuten leicht köcheln lassen, Lorbeerblatt wieder entfernen und kurz vor dem Servieren mit dem Stabmixer pürieren.

PIZZOCHERI

Eine uralte Tessiner Spezialität

ZUTATEN

Für 4 Personen
ca. 150 g Mehl
200 g Buchweizenmehl, fein gemahlen (aus dem Reformhaus)
1 KL Salz
150 g Topfen
3 Eier
evtl. einige Tropfen Wasser
ca. 200 g Kohl
100 g Mangold oder Spinat
1 kl. Zwiebel
1 Knoblauchzehe
etwas Porree
etwas Öl und Butter
1 Blatt Salbei
etwas Suppe
1 Msp. Muskatnuss
Salz, Pfeffer
etwas Rahm
etwas Petersilie
ca. 100 g geriebener Bergkäse
Butter für die Form
einige Butterflöckchen
Parmesan zum Bestreuen

ZUBEREITUNG

- Mehl, Buchweizenmehl und Salz gründlich vermischen, mit Topfen, Eiern und wenig Wasser in einer Schüssel zu einem mittelfesten Teig schlagen, ca. 1 Stunde abgedeckt rasten lassen.
- Kohl in feine Streifen schneiden, in Wasser 5 Minuten kochen lassen, abseihen. Mangold waschen, Stiel und Blätter klein schneiden, fein gehackte Zwiebel, Knoblauch und Porreeringe in wenig Öl und Butter anlaufen lassen.
- Mangold dazugeben, zusammenfallen lassen, dann den Kohl und das Salbeiblatt hinzufügen, mit etwas Suppe dünsten, bis der Kohl fast weich ist. Es soll alle Flüssigkeit verdampft sein.
- Würzen, mit etwas Rahm aufgießen, fein geschnittene Petersilie dazugeben, Salbeiblatt wieder entfernen.
- Den Teig immer nur in einer kleinen Menge auf ein Brettchen geben, mit abgerundetem Messer in einen hohen Topf mit kochendem Salzwasser eher große Spätzle abschaben. So bald sie aufsteigen (dauert 1 Minute), abseihen.
- Pizzocheri mit dem Gemüse und nahezu dem ganzen geriebenen Käse vermischen.
- Anschließend in eine feuerfeste gefettete Form geben, mit dem Käserest und einigen Butterflöckchen bestreuen.
- Im Backrohr bei 220 °C ca. 30 Minuten überbacken, bis sich oben eine braune Kruste gebildet hat.
- Pizzocheri mit Parmesan bestreut servieren.

WILDFILET IN FRUCHTIGER SAUCE

Herbst und Winter sind die besten Wild-Zeiten

ZUTATEN

Pro Person
ca. 150 g Reh- oder Hirschfilet
(oder Rindsfilet)
Salz, Pfeffer
etwas Öl
1 Knoblauchzehe
5 Wacholderbeeren
2 Zweige Thymian
3 EL Ribisel- oder
Preiselbeermarmelade
1 Glas Rotwein,
2 EL tiefgekühlte Butterflöckchen
2 EL Crème fraîche

ZUBEREITUNG

- Fleisch salzen und pfeffern, mit der Hand flach drücken, in heißem Öl auf beiden Seiten scharf anbraten, auf einen Teller geben und mit Alufolie gut abgedeckt ruhen lassen.
- Inzwischen in der Pfanne mit den Bratrückständen die ganze Knoblauchzehe, die zerdrückten Wacholderbeeren, Thymianzweige, Marmelade schwenken, Rotwein dazugeben und einige Minuten einkochen lassen.
- Sauce mit der eiskalten Butter binden, nicht mehr kochen lassen, Crème fraîche unterziehen, nachwürzen.
- Fleisch in der Pfanne nochmals erwärmen, in der Sauce kurz durchziehen lassen.
- Falls Sie einige frische oder tiefgekühlte Preisel- oder Blaubeeren zur Hand haben, können Sie eine Handvoll davon in die Sauce geben.

Mein Tipp

Wenn Sie – so wie ich – die Sauce lieber als das Fleisch mögen, bereiten Sie zum Aufgießen einen Wildjus: angeröstete Wildknochen, Wurzelgemüse, 1 Lorbeerblatt, einige Pfefferkörner und Wacholderbeeren mindestens 1 Stunden verkochen lassen, dann abseihen.

WALDVIERTLER KARPFENFILET

Macht wenig Mühe, aber viel Eindruck!

ZUTATEN

Pro Person

ca. 150 g Karpfenfilet
300 g Wurzelgemüse (Karotte, Sellerie, Lauch, Petersilienwurzel, Pastinake)
etwas Butter
Salz, Pfeffer
etwas Zitronensaft
etwas Mehl
etwas Öl
etwas frische Krenwurzel

Für die Riesling-Sauce

Pro Person
1 Eidotter
1 Glas trockener Weißwein (Riesling)
1 KL Senf
Salz, Pfeffer
1 Prise Zucker

ZUBEREITUNG

- Wurzelgemüse in sehr feine Streifen schneiden, in wenig Wasser (besser Suppe) kernig weich kochen (ca. 3 Minuten).
- In Butter schwenken, würzen, beiseitestellen.
- Karpfenfilets genau auf Gräten untersuchen, salzen und mit Zitronensaft beträufeln.
- Hautseite in Mehl tauchen, in einer Pfanne in Öl-Butter-Mischung sehr heiß anbraten, dann umdrehen und bei kleiner Hitze je nach Dicke noch kurz weiterbraten.
- Den Fisch auf der Riesling-Sauce anrichten, das Gemüse danebengeben und über das Ganze frisch geriebenen Kren raspeln.
- Sofort servieren, da sich der Kren schnell bräunlich verfärbt.
- Dazu passen Salz- oder Petersilienkartoffeln.
- Für die Riesling-Sauce Eidotter mit trockenem Weißwein in einer nicht zu kleinen Schüssel mit dem Schneebesen über Dampf dick schaumig schlagen und mit Senf, Salz, Pfeffer und Zucker würzen.

WINTERLICHES ZITRONENHÜHNCHEN

Für eine Person, aber auch für mehrere Gäste geeignet

ZUTATEN

Für 4 Personen

1 Poularde mit ca. 1300 g
3 EL Zitronensaft
etwas Fondor
etwas Brathuhngewürz
Pfeffer aus der Mühle
1 Zweig Rosmarin
etwas Olivenöl
Butter für die Form
1 kl. Zwiebel
einige Kirschtomaten
1 kl. Fenchelknolle
Salz, Pfeffer

ZUBEREITUNG

- Die Poularde in 4 Stücke zerteilen, Fleisch gut waschen und mit Küchenpapier abtrocknen.
- In einer Schüssel mit Zitronensaft, Fondor, Brathuhngewürz, Pfeffer, Rosmarin und Olivenöl mindestens 2 Stunden (besser über Nacht) marinieren lassen.
- Eine feuerfeste Form fetten, die fein geschnittene Zwiebel, die Kirschtomaten und den geviertelten Fenchel hineingeben, salzen und pfeffern.
- Die erst jetzt gesalzenen Hühnerteile darauflegen und mit der Marinade übergießen. Ins vorgeheizte Backrohr geben und bei 180 °C ca. 50 Minuten garen.
- Falls Sie nur für eine Person kochen, verwenden Sie am besten ein Hühnerbrüstchen.

ORANGENPARFAIT MIT ORANGENSAUCE

Ein Traum von einem Dessert

ZUTATEN

Für 4 Personen

2 große Orangen
2 EL brauner Zucker
2 EL Cointreau
3 EL Orangensaft
1 EL Zitronensaft
4 Eidotter
100 g Honig
1 EL Vanillezucker
1/8 l Schlagrahm

Für die Orangensauce

2 EL Zucker
1 KL Butter
3 Orangen
1 KL Stärke
2 EL Cointreau
Pistazien

ZUBEREITUNG

- Orange filetieren, mit Zucker, Cointreau und Orangensaft ca. 4 Minuten bei kleiner Hitze kochen, dann abkühlen lassen.
- Eidotter und Honig über Wasserbad weiß-schaumig aufschlagen, Vanillezucker dazugeben und Masse über Eiswasser kalt rühren.
- Steif geschlagenen Rahm unterheben und zusammen mit dem abgekühlten Orangenkompott unter die Eimasse rühren.
- Mit Cointreau und Zitronensaft abschmecken.
- Parfait in 4–6 Portionsförmchen füllen und mindestens 2 Stunden gefrieren lassen.
- Für die Orangensauce Zucker und Butter in einem kleinen Topf karamellisieren lassen, Saft von 2 Orangen auspressen, bis auf 3 EL zum Karamell geben und so lange kochen, bis sich alles aufgelöst hat.
- Stärke mit dem restlichen Orangensaft verrühren und in die Sauce einrühren. Ca. 1 Minute kochen und dann abkühlen lassen.
- Die Orangenfilets mit Cointreau beträufeln und das Parfait damit garnieren. Mit der Orangensauce umgeben, mit gehackten Pistazien garnieren.

KASTANIENMOUSSE AUF KUMQUAT-SAUCE

Sozusagen eine Seufzer-Mousse

ZUTATEN

Für 4 Personen

200 g gebratene Kastanien
1 Nelke
1 cm Zimtrinde
1/8 l Milch
3 Eidotter
5 EL Zucker
1 P. Vanillezucker
geriebene Zitronenschale
3 Gelatineblätter
¼ l Schlagrahm

Für die Kumquat-Sauce

ca. 20 Kumquats
(Zwergorangen)
3 EL Zucker
Saft von 1 Zitrone
und 1 Orange
Orangenlikör

ZUBEREITUNG

- Kastanien mit Nelke und Zimtrinde in der Milch köcheln lassen, bis sie ganz weich sind. Achtung! Kastanien brennen leicht an.
- Zimtrinde und Nelke entfernen, Kastanien pürieren.
- Eidotter mit Zucker über Dampf dick aufschlagen, Püree unterziehen. Vanillezucker und geriebene Zitronenschale dazugeben.
- Die kurz in kaltem Wasser eingeweichten und gut ausgedrückten Gelatineblätter in ein paar Tropfen heißer Milch auflösen.
- In die kühle Masse zuerst die Gelatine und dann den Schlagrahm unterziehen, in kalt ausgespülte Portionsförmchen gießen oder in eine große Schüssel geben.
- Vor dem Servieren Nocken abstechen und auf der Kumquat-Sauce anrichten.
- Für die Kumquat-Sauce Früchte gut waschen, mit einem scharfen Messer in hauchdünne Scheibchen schneiden, Kerne sorgfältig entfernen.
- Mit Zucker, Zitronen- und Orangensaft ca. 20 Minuten köcheln lassen, bis sie weich sind. Ab und zu ein paar Tropfen Wasser dazugießen, damit sie nicht anbrennen.
- Zum Schluss den Orangenlikör dazugeben.
- Vor dem Servieren etwas durchziehen lassen, der Geschmack intensiviert sich.

Ein Hauch von Abenteuer

KULINARISCHE REISEERINNERUNGEN

CROSTINI DI FEGATINI

Toskana-Besuchern von allen Speisekarten geläufig

ZUTATEN

Für 2 Personen
1 kl. Zwiebel
etwas Butter
1 Knoblauchzehe
1–2 Hühnerlebern
1 EL Tomatenmark
1 Glas Weißwein
1 Sardelle
1 EL Kapern
etwas Suppe (Hühnerbrühe)
geriebener Parmesan
Salz, Pfeffer
Weißbrot (Baguette)
bestes Olivenöl

ZUBEREITUNG

- Zwiebel fein hacken, in Butter glasig anschwitzen.
- Knoblauch dazugeben, dann die Hühnerleber. Sobald sie zu bräunen beginnt, mit einer Gabel zerteilen.
- Tomatenmark anschwitzen, mit Wein aufgießen, verkochen lassen. Sardelle und Kapern dazugeben, ca. 10 Minuten köcheln lassen. Ab und zu mit Suppe aufgießen.
- Unmittelbar vor dem Anrichten mit dem Pürierstab zerkleinern, etwas Parmesan dazugeben und mit Salz und Pfeffer abschmecken.
- Heiß auf geröstetem Brot, das mit ein paar Tropfen bestem Olivenöl beträufelt wird, servieren.

CROSTINI MIT PILZCREME

Eine köstliche Variante

ZUTATEN

½ kl. Zwiebel
1 Knoblauchzehe
ca. 150 g Steinpilze
1 EL Olivenöl
1 EL Petersilie
etwas Zitronenschale
1 Glas Weißwein
Salz, Pfeffer

ZUBEREITUNG

- Zwiebel, Knoblauch und Steinpilze putzen, in feine Würfelchen schneiden und in einer kleinen Pfanne in Öl andünsten
- Gehackte Petersilie und etwas geriebene Zitronenschale dazugeben, mit Wein aufgießen, 10 Minuten köcheln lassen, bis alles weich ist.
- Abschmecken und auf das geröstete Brot streichen.

ARANCINI DI RISO

Frittierte Reisbällchen

ZUTATEN

Für 4 Personen
200 g Reis
1 EL Öl
ca. ¾ l Fleischsuppe
Salz
etwas Safran
40 g Butter
50 g geriebener Parmesan
1 Ei

Für die Fülle
1 kl. Zwiebel
1 Knoblauchzehe
ca. 100 g Fleisch
(Hühnerbrust, Schweinsfilet,
Prosciutto oder Schinken,
im Original Pancetta/
italienischer Speck)
etwas Olivenöl
2 Tomaten
1 EL Tomatenmark
Salz, Pfeffer
100 g Erbsen
1 Kugel Mozzarella
1 Ei, Brösel
Öl zum Frittieren

ZUBEREITUNG

- Reis ungewaschen in Öl anschwitzen, mit Suppe aufgießen, salzen, bissfest garen.
- Leicht abgekühlt mit eingeweichten Safranfäden, etwas Butter, Parmesan und Ei vermischen.
- Für die Fülle fein gehackte Zwiebel mit gehacktem Knoblauch und dem sehr klein geschnittenen Fleisch in Öl anrösten, Speck und die geschälten Tomaten dazugeben, würzen und schmoren, bis die Masse ganz eingedickt ist.
- Zuletzt die Erbsen dazugeben, damit sie nicht zu weich werden.
- Man kann auch Zutaten wie Pilze oder Geflügelleber dazu verwenden oder einen stark eingekochten Rest Sugo.
- Wenn die Reismasse abgekühlt ist, portionsweise flach in die Hand drücken, in die Mitte etwas Fülle und ein Stückchen Mozzarella geben.
- Mit nassen Händen mandarinengroße Bällchen (daher kommt der Namen) formen.
- In Ei und Brösel wälzen, in Öl frittieren.
- Sofort servieren.

Eigentlich eine sizilianische Resteverwertung für zu viel gekochten Reis. Eignet sich auch gut als „Finger-Food", also als Party-Snack.

PILZ-PAKORAS MIT MANGO-CHUTNEY

Ein schnelles Rezept aus Indiens Küchenvielfalt

ZUTATEN

Für 2–3 Personen
200 g Kichererbsenmehl
(aus dem Reformhaus)
½ KL Salz
1 Msp. Backpulver
1 Msp. Chilipulver
200 ml Wasser
1 kl. Zwiebel
2 Knoblauchzehen
500 g kl. Champignons
Mehl
Salz, Pfeffer
Öl zum Frittieren

ZUBEREITUNG

- Kichererbsenmehl, Salz, Backpulver und Chilipulver gut mischen, nach und nach mit Wasser zu einem dickflüssigen Teig verrühren.
- Leicht angeröstete, klein geschnittene Zwiebel und Knoblauch in den Teig rühren, 10 Minuten ziehen lassen.
- Pilze in Mehl tauchen, salzen, pfeffern, einzeln auf eine Gabel spießen und durch den Teig ziehen.
- Portionsweise in heißem Öl ca. 2 Minuten ausbacken.
- Sofort mit dem scharfen Mango-Apfel-Chutney servieren.

Für das Mango-Apfel-Chutney
1 mittelgroße Zwiebel
etwas Öl
1 Knoblauchzehe
1 EL brauner Zucker
2 cm frischer Ingwer
1 Msp. Currypulver
1 Lorbeerblatt
2 cm Zimtrinde
3 Nelken
1 kl. Stück Chili
Salz, Pfeffer
1 EL Apfelessig
3 EL Sherry
1–2 reife Mango
1 Apfel
½ Tasse Rosinen

- Für das Chutney Zwiebel fein aufschneiden, in Öl andünsten, Knoblauch und Zucker dazugeben, leicht karamellisieren lassen.
- Ingwer schälen, aufreiben, mit den übrigen Gewürzen dazugeben.
- Mit Essig, Sherry und etwas Wasser ablöschen, verkochen lassen.
- Die geschälten, gewürfelten Mango- und Apfelstücke sowie die Rosinen dazugeben, köcheln lassen, bis alles (fast) zu einem Brei zerfallen ist. Nochmals abschmecken. Lorbeerblatt, Zimt und Nelken entfernen, je nach Geschmack Chili nur kurz oder etwas länger ziehen lassen.
- Kochend heiß (wie Marmelade) in kleine Schraubgläser gefüllt, hält sich das Chutney einige Monate.

GEMÜSE-NUSS-SAMOSAS

Indische Teigtaschen

ZUTATEN

Teig aus
60 g Butter
225 g Mehl
½ KL Salz
6 EL warmer Milch

Für die Fülle
3 gekochte Kartoffeln
1 Tasse al dente gekochte Erbsen
Ingwer nach Geschmack
1 Knoblauchzehe
etwas Curry
etwas Chili
1 Tasse Cashew-Kerne, grob gehackt
1 Msp. Korianderpulver
etwas Petersilie

ZUBEREITUNG

- Butter mit Mehl verbröseln, Salz und Milch dazugeben und zu einem Teig kneten. Anschließend etwas rasten lassen.
- Den Teig auswalken, danach größere Kreise ausstechen. Kreise halbieren.
- Für die Fülle Kartoffeln zerdrücken, mit allen Zutaten vermischen, etwas durchziehen lassen. Die Fülle auf jeden Halbkreis verteilen.
- Rand freilassen, mit Wasser bestreichen und umschlagen.
- Die Ränder gut andrücken, dann die Teigtaschen in Öl frittieren.
- Heiß mit Chutney oder Knoblauchmayonnaise servieren.

INDONESISCHE FLEISCHSPIESSCHEN

Dazu gehört unbedingt Satay-Sauce

ZUTATEN

Pro Person
ca. 100 g Schweinefilet
und/oder 100 g Hühnerbrust
kurze dünne Holzspießchen
Salz, Pfeffer

Für die Fleischmarinade
1 Tasse geschälte Erdnüsse
etwas trockener Sherry
1 Schuss Balsamico-Essig
etwas Kokosmilch
1 KL süßer Senf (bayerischer)
1 cm frischer Ingwer oder
Ingwerpulver
1 Msp. Knoblauchpulver
ein Hauch Cayennepfeffer

ZUBEREITUNG

- Für die Marinade Erdnüsse mit dem Stabmixer klein pürieren, mit den anderen Zutaten gut verrühren.
- Das in längliche, ca. 2 x 3 cm große, sehr dünne Stücke geschnittene Fleisch einlegen und mindestens einige Stunden, besser über Nacht ziehen lassen.
- Die flach gedrückten Fleischstücke der Länge nach auf Holzstäbchen stecken, nochmals mit Marinade bepinseln und in einer Grillpfanne braun braten.
- Kurz vor dem Garwerden salzen und pfeffern.
- Dazu passen rote oder gelbe Paprikastücke, hauchfeine Fenchel- oder Zucchinischeiben, die man in die Fleischmarinade taucht und neben dem Fleisch in der Grillpfanne mitröstet.

Satay-Sauce
1 Zwiebel
1 zerdrückte Knoblauchzehe
2 EL Erdnussöl oder
neutrales Öl
je 1 KL Koriander- und
Fenchelsamen
1 Msp. Kurkuma-Pulver
etwas Suppe
100 g Erdnüsse
ca. 1/8 l Kokosmilch
1 kl. Stück Chili
2 KL brauner Zucker
Salz, Pfeffer
Zitronensaft

- Die gerösteten, ungesalzenen Erdnüsse im Mixer fein vermahlen.
- Fein gehackte Zwiebel und Knoblauch in Öl kurz anschwitzen, Koriander-, Fenchelsamen und Kurkuma dazugeben, mit wenig Wasser oder Suppe aufgießen, etwas verkochen lassen.
- Erdnüsse, Kokosmilch, Chili und Zucker dazugeben, unter Rühren 2–3 Minuten köcheln lassen, bis die Sauce dicklich wird. Chili wieder entfernen.
- Salzen, pfeffern und mit etwas Zitronensaft abschmecken.
- Schmeckt wunderbar zu Hühnerspießchen oder gegrilltem Fleisch.

SCHARFER MANDELREIS

Wird in Indonesien zu vielen Fleischgerichten serviert

ZUTATEN

Pro Person
1 Tasse Reis
1 EL Öl
1 Chilischote
Salz
1 EL Mandelblättchen

ZUBEREITUNG

- In Indonesien verwendet man ausschließlich Klebreis, ich bevorzuge für dieses Gericht Basmati-Reis.
- Für den Reis wenig Öl erhitzen, Chilischote darin kurz anbraten, herausnehmen und den gut gewaschenen, abgetropften Reis in den Topf geben.
- Kurz anrösten und mit der doppelten Menge Wasser aufgießen, wie unten beschrieben kochen.
- Kurz vor dem Servieren die angerösteten Mandelblättchen unterziehen.

Mein Tipp

Reis sieht nur oberflächlich betrachtet immer gleich aus – er ist überaus variantenreich. Als Beilagenreis verwende ich entweder den so genannten Mittelkorn- oder Basmati-Reis. Vor der Verwendung in einem feinmaschigen Sieb gründlich mit kaltem Wasser durchwaschen, bis die umhüllende Stärke entfernt ist.
In wenig Öl lässt man ihn ganz kurz anlaufen und gießt mit nicht ganz der doppelten Menge gesalzenem Wasser auf. Einmal aufkochen lassen, Platte abschalten und einen gut schließenden Deckel auflegen. Zwischendurch die Platte noch einmal ganz kurz voll aufdrehen (bis 20 zählen), sonst bleibt der Reis zu körnig. Sollte noch Wasser notwendig sein, tropfenweise dazugeben, bis der Reis die gewünschte Konsistenz hat. Mit Kochlöffel oder Gabel Reis zwischendurch etwas lockern. Die berühmte Zwiebel, mit 1 oder 2 Gewürznelken gespickt, die viele im Reis mitziehen lassen, ist Geschmackssache. Pro Person rechnet man gut 1 Tasse rohen Reis.
Der sehr gesunde ungeschälte Reis oder Wildreis muss doppelt so lange gekocht werden, bis er gar wird, und benötigt auch etwas mehr Wasser. Salzen darf man ihn erst, wenn er gar ist!
Für Risotto verwendet man nach Möglichkeit die zwar etwas teureren, aber sehr guten Spezialsorten. Zur Zubereitung wird der Reis vorher nicht gewaschen, man will ja die „verbindenden Eigenschaften" der Reisstärke nutzen.

UMM ALI

(arabisch: Mutter des Ali)

ZUTATEN

Für 4–6 Personen
ca. 400 g Blätterteiggebäck oder die entsprechende Menge frisch gebackener Blätterteig
1EL Butter
2 EL Pistazien
2 EL geschälte Mandeln
¼ l Milch
2–3 EL gewaschene Rosinen
2 EL Kokosflocken
4 EL Zucker
1 P. Vanillezucker
1 KL Zimt
abgeriebene Zitronenschale
etwas Rum
(meine Ergänzung)
¼ l Süßrahm

ZUBEREITUNG

- Blätterteig in kleine Stücke brechen, in feuerfeste, gebutterte Form geben.
- Klein gehackte Pistazien und Mandeln darüberstreuen.
- Milch aufkochen lassen, Rosinen und Kokosflocken darin kurz quellen lassen. Zucker, Zimt, Zitronenschale und Rum dazugeben und die Mischung nach und nach über den Teig gießen.
- Im vorgeheizten Backrohr bei 200 °C ca. 15 Minuten backen, bis der Teig die Flüssigkeit aufgenommen hat.
- Backform aus dem Ofen nehmen, Oberfläche mit geschlagenem Rahm bestreichen und für weitere 20 Minuten ins Backrohr stellen.
- Die Oberfläche sollte zart golden sein.

Diese typisch arabische Nachspeise habe ich auf einer Ägyptenreise in Kairo auf einem der dort ankernden Nilschiffe entdeckt und ihr den Namen „Geheimnis der schönen Fatima“ gegeben. Sie ist eine wunderbare Verwertung von Blätterteiggebäck vom Vortag.

TANTE EILEENS FRÜCHTEKUCHEN

Derzeit einer meiner absoluten Lieblingskuchen!

ZUTATEN

2–3 Tassen kandierte Früchte (Rosinen, Orangeat, Zitronat, Ingwer, Kirschen)
1–2 EL Rum oder noch besser Sherry
etwas Nelkenpulver
200 g weiche Butter
200 g Staubzucker
1 Prise Salz
1 P. Vanillezucker
4 Eier
Saft und Schale von ½ Bio-Zitrone
1 Msp. Muskatnuss
1 Msp. Zimt
1 reife Banane
300 g Mehl
½ P. Backpulver
Butter und Mehl für die Form
Staubzucker zum Bestreuen

ZUBEREITUNG

- Dieses köstliche englische Rezept hat viele Zutaten, ist aber schnell gemacht und keine Hexerei.
- Rosinen heiß waschen, gut abtrocknen. Orangeat, Zitronat und Ingwer sehr fein hacken, Kirschen vierteln, mit Rum oder Sherry übergießen, möglichst über Nacht durchziehen lassen. Ersatzweise statt Nelkenpulver 1 Nelke mit den Früchten durchziehen lassen und wieder entfernen.
- Butter, Zucker, Salz und Vanillezucker schaumig rühren, zimmerwarme Eier versprudeln, nach und nach dazugeben. Dazwischen immer einige Zeit rühren, sonst gerinnt die Masse.
- Zitronensaft, geriebene Zitronenschale, Gewürze und klein geschnittene Banane dazugeben.
- Mehl mit Backpulver gut vermischen, unterziehen.
- Masse in eine gefettete, bemehlte Kastenform einfüllen und im vorgeheizten Backrohr bei 180 °C ca. 60 Minuten backen. Unbedingt mit einem Holzstäbchen (Stricknadel) eine Garprobe machen.
- In der Form erkalten lassen, stürzen und mit Staubzucker bestreuen.
- Der Kuchen sollte einige Tage in Alufolie verpackt rasten dürfen, dann wird er erst richtig gut. Er hält sich im Kühlschrank so lange, bis er aufgegessen ist. Eignet sich auch gut zum Tiefkühlen.

CRÊPES SUZETTE AUF KARIBISCHE ART

Ein tolles Rezept aus Costa Rica

ZUTATEN

Für 4 Personen
ca. 3 Tassen Mehl
Schale einer Bio-Zitrone
½ KL Salz
2 Eier
ca. ¼ l Milch
etwas Öl und Butter zum Backen

Zur Fertigstellung
einige filetierte Orangenstücke
2 Tassen frische Ananas
evtl. etwas Mango-Fruchtfleisch
Saft und Schale einer Bio-Zitrone
evtl. etwas Ingwer
50 g Butter
70 g Zucker
⅛ l frisch gepresster Orangensaft
2 EL Cointreau
evtl. Ananas- oder Vanilleeis
einige Blättchen Zitronenmelisse
Staubzucker
1–2 EL Kokosflocken
evtl. etwas Schlagrahm
falls die Crêpes flambiert werden,
etwas Cognac

ZUBEREITUNG

- Zuerst die Früchte schälen, in kleine Stücke schneiden und in Zitronen- und Orangensaft marinieren. Nach Geschmack etwas Ingwerwurzel dazugeben.
- Mehl in eine nicht zu kleine Schüssel geben, Zitronenschale darüberreiben, mit Salz, Eiern und Milch zügig zu einem dünnflüssigen Teig verrühren.
- Ca. 30 Minuten quellen lassen, evtl. den Teig mit Milch verdünnen.
- In sehr wenig Öl-Butter-Gemisch, am besten in einer beschichteten Spezialpfanne, hauchdünne Palatschinken backen (pro Person 1–2 Stück).
- Benötigte Anzahl auf einem Teller stapeln. Allenfalls kurz vor dem Servieren in der Pfanne nochmals einzeln kurz erhitzen.
- Butter in einer Pfanne zergehen lassen, heiß werden lassen, Zucker dazugeben und unter Rühren karamellisieren lassen.
- Mit Orangensaft aufgießen, verkochen lassen.
- Die klein geschnittenen Früchte dazugeben, durchziehen lassen.
- Kurz vor dem Servieren die Sauce nochmals erhitzen, Cointreau dazugeben.
- Palatschinken einzeln durch die Sauce ziehen, zusammenrollen, halbieren und mit den Früchten, dem Eis und Schlagrahm auf einem vorgewärmten Teller anrichten.
- Mit der restlichen Sauce begießen, mit Staubzucker und Kokosraspel bestreuen. Mit Cognac beträufeln, vorsichtig anzünden und unter großem Beifall servieren.

Brot- und Teigarten

TÄGLICHES UND NICHT ALLTÄGLICHES

MEIN BROT-GRUNDTEIG

Natürlich aus frisch gemahlenem Vollmehl

ZUTATEN

1 kg Weizenvollmehl, fein gemahlen
500 g Roggenmehl, fein bis mittel gemahlen
200 g Universalmehl
Mehl zum Ausarbeiten
je 2 Tassen Leinsamen und Sonnenblumenkerne
⅛ l lauwarme Milch
3 EL Olivenöl
1 P. Hefe
1 EL Zucker
½ l Buttermilch
4 gestrichene KL Salz
4 EL Brotgewürzmischung (oder Kümmel, Fenchel, Brotklee, Koriander gemischt)
ca. ½ l lauwarmes Wasser
Kürbiskerne oder Sesam zum Bestreuen

ZUBEREITUNG

- Mehlsorten in einer angewärmten, großen Plastikschüssel mit Leinsamen und Sonnenblumenkernen vermischen.
- Für das Dampfl in einem Töpfchen Milch handwarm erwärmen, Hefe hineinbröckeln, 1 EL Zucker dazugeben und mit dem Schneebesen verrühren, bis es keine Klümpchen mehr gibt. Ins Mehl eine Grube machen und das Dampfl hineinschütten. Mit Küchentuch abgedeckt ca. 20 Minuten gehen lassen.
- Buttermilch leicht erwärmen, Salz darin auflösen, Gewürze dazugeben. Mit warmem Wasser und Öl zum Mehl mischen. Der Teig kann so flüssig gehalten werden, dass man ihn mit einem großen Kochlöffel noch leicht bearbeiten kann.
- Mit Mehl bestreuen, mit einem Küchentuch abgedeckt 2 Stunden gehen lassen, damit das Vollmehl quellen kann. Teig zwischendurch einmal durchschlagen und dann wieder gehen lassen.
- Den Teig auf ein bemehltes Brett geben. Menge halbieren und mit reichlich Mehl durchkneten, bis der Teig nicht mehr an den Händen klebt.
- Zu 4–6 kleinen Laiben formen, dabei immer von außen nach innen arbeiten. Mit dem so genannten Schluss nach unten nochmals gehen lassen, oben kreuzweise einschneiden.
- Reichlich mit lauwarmem Wasser bepinseln, mit Sesam bestreuen und auf Backpapier ins Backrohr schieben. Bei 250 °C ca. 45 Minuten backen.
- Das Brot ist fertig gebacken, wenn man beim Klopfen auf die Unterseite einen hohlen Ton hört.

SPECKWECKERLN

Sehr pikant

ZUTATEN

Zutaten Brotteig
siehe Seite 168
Roggenmehl zum
Ausarbeiten
250 g Topfen
250 g Sauerrahm
Salz, Pfeffer
1 Msp. Paprika
200 g Speckwürfel
3 EL Schnittlauchröllchen
Pfeffer aus der Mühle

ZUBEREITUNG

- Brotteig zubereiten wie auf Seite 168 beschrieben.
- Den Teig zu knödelgroßen Kugeln kneten, jeweils 4 Kugeln nebeneinanderlegen, mit reichlich Roggenmehl mit dem Nudelholz in längliche Fladen ausrollen, die am Anfang und Ende noch einen kleinen Wulst haben sollten.
- Nochmals kurz gehen lassen. Überschüssiges Mehl abschütteln.
- Für den Aufstrich Topfen und Sauerrahm verrühren, mit Salz, Pfeffer und Paprika würzen.
- Den Teig großzügig damit bestreichen, kleine Speckwürfel, Schnittlauchröllchen und frischen Pfeffer darüberstreuen, nochmals gehen lassen.
- Bei 250 °C ca. 30 Minuten backen.

RUDIS BERÜHMTES SPECKBROT

Frisch gebacken ein Party-Hit!

ZUTATEN

Zutaten Brotteig
siehe Seite 168
3 Zwiebeln
3–4 Knoblauchzehen
3 Tassen Speckwürfel
Salz, Pfeffer,
2 EL Kümmel
4 EL Olivenöl
einige Rosmarinnadeln

ZUBEREITUNG

- Brotteig zubereiten wie auf Seite 168 beschrieben.
- Blech mit gepfeffertem Brotteig belegen, hauchdünne Zwiebelringe, gehackten Knoblauch und Speckwürfel gleichmäßig darüber verteilen, salzen, pfeffern und mit Kümmel bestreuen. Etwas Olivenöl darüberträufeln. Eventuell klein gehackte Rosmarinnadeln darüberstreuen.
- Bei 250 °C ca. 30 Minuten backen.

SÜSSER ODER SALZIGER MÜRBTEIG

Ein Thema mit Variationen

ZUTATEN

270 g Mehl
180 g kalte Butter
80 g Staubzucker
1 Ei ,1 Prise Salz
1 KL Vanillezucker
etwas geriebene Zitronenschale
1 Spritzer Rum

KLASSISCHER MÜRBTEIG

- Ei verquirlen, kalte Butter in kleine Würfel schneiden und mit dem Mehl zwischen den Fingerspitzen zerreiben, bevor man die restlichen Zutaten dazu gibt.
- Findet hauptsächlich für Kekse oder Tortenböden Verwendung und passt eigentlich immer. Bis zu ⅓ des Mehles kann durch geriebene Nüsse ersetzt werden.

180 g Mehl
20 g kalte Butter
30 g Staubzucker
1 Ei, 1 Prise Salz
etwas geriebene Zitronenschale
1 Msp. Backpulver

WEICHER MÜRBTEIG NACH FRANZÖSISCHER ART

- Dieser Teig geht etwas auf und eignet sich gut für gedeckte Apfelkuchen, aber auch als Strudelteig. Zubereitung wie oben.

200 g Mehl
50 g Olivenöl
1 Eidotter
Salz, Pfeffer
etwas geriebene Zitronenschale
evtl. einige Kräuter

SALZIGER MÜRBTEIG MIT OLIVENÖL

- Alle Zutaten zu einem geschmeidigen Teig verkneten, mindestens 30 Minuten kühl rasten lassen. An Kräutern können Sie Oregano, Thymian oder Rosmarin testen.
- Ein köstlicher Teig für Gemüsekuchen aller Art oder salziges Knabbergebäck.

Mein Tipp

Für welchen Mürbteig auch immer Sie sich entscheiden, arbeiten Sie unbedingt in einem kühlen Raum mit kühlen Händen. Den Teig nicht zu lange kneten und vor der Verwendung möglichst einige Stunden, auch 1–2 Tage, im Kühlschrank rasten lassen.
Der mit Backpulver zubereitete Teig muss gleich verarbeitet werden.

MEIN FAVORIT – TOPFENBLÄTTERTEIG

Aufnahmebereit für süße und salzige Füllungen

ZUTATEN

250 g Mehl
1 KL Salz
250 g kalte Butter
250 g Topfen (20 %)

ZUBEREITUNG

- Mehl mit Salz auf ein Brett geben, gut vermischen.
- Kalte Butter mit einem Messer im Mehl in möglichst kleine Stücke schneiden bzw. schaben, dann mit dem Mehl zwischen den Fingern zu Flocken zerreiben.
- Topfen dazugeben, möglichst rasch zusammenkneten. Mit kühlen Händen in kühler Küche arbeiten, dann wird der Teig besonders gut. Auf keinen Fall zu lange kneten, der Teig darf durchaus noch etwas marmoriert erscheinen.
- In Folie wickeln, im Kühlschrank mindestens 30 Minuten rasten lassen. Er kann auch über Nacht im Kühlschrank liegen oder tiefgekühlt werden.
- Backtemperatur für Strudel aus Topfenblätterteig ca. 200–220 °C.

Mein Tipp

Diese Teigmenge ergibt zwei große Strudel, die auf ein Blech passen. Wenn Sie nur einen (oder zwei kleine) Strudel zubereiten wollen, machen Sie trotzdem die angegebene Menge Topfenblätterteig und frieren Sie den Rest in Alufolie gewickelt ungebacken ein. Auftauzeit ca. 3 Stunden.

ENGLISCHER PASTETENTEIG

Preiswert und unglaublich vielseitig verwendbar

ZUTATEN

200 g Mehl
etwas Salz
100 g Butter
5 EL kaltes Wasser

ZUBEREITUNG

- Mehl mit Salz mischen, auf ein Brett geben. Kühle Butter mit einem Messer im Mehl in kleine Flöckchen schneiden, mit den Fingerspitzen mit dem Mehl verreiben.
- Ins Mehl kleine Grube machen, kaltes Wasser nach und nach zugeben, mit dem Mehl mischen, dann alles rasch zusammenkneten.
- Teig abgedeckt mindestens 30 Minuten rasten lassen, dann auf einer mit wenig Mehl bestreuten Unterlage dünn ausrollen.
- Legen Sie die zur Verwendung kommende Form auf den Teig, er soll um so viel größer sein, als Sie einen Rand hochziehen möchten.
- Mit einem Messer den markierten Kreis ausschneiden, mit dem Teigroller über den Teig fahren, dabei den Teig aufwickeln und mit einem Schwung über die Form legen. Vom Teigroller wieder abwickeln, in die Form drücken und mit Daumen und Zeigefinger an den Rand drücken. Dieser sollte besonders dünn sein, dann schmeckt der Kuchen besser.

Mein Tipp

Man verwendet diesen Teig vorzugsweise für Gemüsekuchen aller Art. Wenn Sie eine Torten- oder Pie-Form damit auskleiden wollen, muss diese nicht befettet werden.
Die Pastetenteigmenge reicht für 2 Torten- oder Pie-Formen. Falls genügend Platz im Tiefkühler zur Verfügung steht, kann man mit dem übrigen Teig gleich eine zweite Form auskleiden und diese gut verpackt tiefkühlen. Man braucht dann beim nächsten Mal nur die Fülle zuzubereiten, die man abgekühlt gleich in den noch tiefgekühlten Teig einfüllen kann. Dadurch erspart man sich viel Zeit und der Teig schmeckt besonders gut.

REZEPTVERZEICHNIS

L

M

N

O

P

Q

R

S

VERWENDETE ABKÜRZUNGEN

EL	→ Esslöffel
g	→ Gramm
geh.	→ gehäuft
kg	→ Kilogramm
kl.	→ klein
l	→ Liter
Msp.	→ Messerspitze
P.	→ Päckchen
KL	→ Kaffeelöffel
1 Stamperl	→ 0,2 cl

2008

Umschlaggestaltung: Agentur nuovoline, Innsbruck
unter Verwendung eines Bildes von © Lucky Dragon – Fotolia.com
Bildnachweis: Seite 16, 40, 42, 47, 81 (2), 107, 121 (unten), 131
© creativ collection Verlag GmbH, D-Freiburg
Seite 10, 15, 26, 30, 32, 33, 44, 53, 56, 57, 59, 61, 63, 73 (oben), 74, 82, 85, 87, 88, 95, 101, 112, 113, 114, 118, 135 (2), 148, 149, 167 (unten) © \eC2\eA9 2009 Jupiterimages Corporation
Alle anderen Abbildungen stammen von Gerda Walton.
Layout und digitale Gestaltung: Studio HM, Hall in Tirol
Lithografie: Digiservice, Innsbruck
Druck und Bindung: MKT-Print, Slowenien
ISBN 978-3-7022-2985-6
E-Mail: buchverlag@tyrolia.at
Internet: www.tyrolia-verlag.at